# Ideas de Lecciones y Actividades para Niños de Temprana Edad con Autismo y Necesidades Especiales Relacionadas

Por: S.B. Linton

Primera Edición: agosto 2010
Revisado: enero 2011, Marzo 2012

# Tabla de Contenido

# Introducción

Gracias por comprar el libro *Ideas de Lecciones y Actividades para Niños de Temprana Edad con Autismo y Necesidades Especiales Relacionadas*. Este libro está dirigido a darle algunos puntos de partida y sitios de inicio para crear actividades útiles para sus pre-escolares y estudiantes de primaria con autismo y necesidades especiales relacionadas. Los temas abordados en el libro son Los Colores, Los Números y Formas, El Otoño (Sub-tema: Todo Acerca de Mí), El Invierno (Sub-tema: Festividades de Invierno), La Primavera, El Verano (Sub-tema: Acampamiento & ir al Parque Zoológico) y El Transporte. Cada tema tiene una lista de actividades que abordan algunas de las habilidades que a veces son las más difíciles para algunos individuos con autismo. Cada tema de las unidades proporciona ideas para actividades específicas para las siguientes áreas: Atención Conjunta, Habilidades de Imitación, Comunicación, Habilidades de Auto-ayuda, Aptitudes Independientes/Aptitudes Pre-vocacionales, Aptitudes Sociales, Habilidades de Juego, Participación Sensorial, Dominio del Concepto Básico, Vocabulario /Alfabetización, Motricidad Fina y Motricidad Gruesa. Al final de cada capítulo se incluye una "Sugerencia para Aplicación" relacionada con una de las actividades sugeridas. Además se proporcionan, varios ejemplos de planes de lecciones para las rutinas y procedimientos. Tengo la esperanza de que estas actividades puedan ser un trampolín para educadores y padres al crear lecciones de calidad para los niños con autismo en sus vidas. Se ha añadido una nueva sección en aplicaciones móviles.


-S. B.

# Colores

Atención Conjunta

- Juegue a "coger y arrojar" con artículos azules.
- Utilice 2 recipientes de diferente color para jugar "baloncesto". Pregúntele al estudiante "¿deberíamos disparar en el rojo o el azul?".
- Identifique y deguste verduras de color verde o frutas anaranjadas. Hable acerca de los colores.
- Ponga artículos verdes (dulces, gusanitos de goma, juguetes verdes, etc.) en un recipiente cerrado. Enseñe a los estudiantes a comunicarse para hacer que usted abra el recipiente.
- Utilice su color del día para jugar juntos con figuras de masa.

Habilidades de Imitación

- Haga que los estudiantes practiquen imitando líneas horizontales y verticales utilizando una tiza blanca y una cartulina negra o un papel negro para tablero.
- Utilizando el lenguaje de señas, muestre los signos de los colores de su elección y haga que los estudiantes imiten.
- Practique contar todos los objetos verdes, rojos o azules. Haga que los estudiantes le imiten.
- Utilice crema de afeitar coloreada para hacer que los estudiantes tracen o imiten letras.
- Hable sobre ranas verdes o cafés. Haga que los estudiantes imiten sonidos y saltos de rana.

## Comunicación

- Utilizando papel cuadriculado, escriba un poema corto acerca del color de su elección con algunas palabras faltantes. Tenga imágenes pre-cortadas para llenar los espacios en blanco. Haga que los estudiantes elijan los elementos de aquel color que quieren pegar al poema en los espacios en blanco.
- Lea un libro sobre medios de trasporte para niños. Al leer, pregunte a los estudiantes el color del triciclo, vagón, bicicleta, etc. Utilice una tabla de colores para que hagan referencia a sus colores observados en el libro.
- Utilice plastilina roja para hacer que los estudiantes creen una manzana. Pida a los estudiantes que le digan lo que hicieron y aliéntelos a comentar sobre la actividad. Utilice un tablero de imágenes para los que no hablan hagan comentarios.
- Pida a los estudiantes que le digan su color favorito. Muéstrelo en un gráfico.
- Coloque un punto de color en los recipientes de bocadillos y haga que los estudiantes soliciten su bocadillo por color. Haga que los que no leen entreguen una carta de color para hacer su solicitud.


## Habilidades de Auto-ayuda

- Lea el libro *Los huevos Verdes y el Jamón*. Prepare huevos verdes y jamón de verdad o hágalos con cartulina, papel tisú y pegamento.
- Haga una "combinación de fiesta" con alimentos coloridos en un recipiente hondo. Refuerce varios colores en los alimentos utilizados para preparar la mezcla.
- Practique leyendo artículos para el hogar con los colores rojo y verde (o su color objetivo) en sus etiquetas.
- Haga que los estudiantes coincidan juegos de platos en un mantel individual hecho por el profesor que tenga código de color.

- Enseñe a los estudiantes un sistema de auto-monitoreo que incorpore los colores verde-amarillo-rojo para enfatizar el concepto de ir-despacio-parar.

## Aptitudes Independientes/Aptitudes pre-vocacionales

- Cree un juego que pueda ser utilizado por cada estudiante para hacer coincidir diferentes colores de hojas.
- Ordene la ropa de lavandería del salón de clases o traiga al salón algo de "lavandería" para ordenar.
- Los colores coinciden. Utilice "trocitos de pintura" de una ferretería para crear una actividad de coincidencia del color.
- Punce abalorios de un determinado color. Haga hincapié en el color.
- Clasifique objetos de colores. Asegúrese de que los recipientes son todos del mismo tamaño y estructura.

## Aptitudes Sociales

- Como una clase unida, coloreen un arco iris mientras practican lo que significa tomar turnos.
- Haga que los estudiantes practiquen elogiando unos a los otros acerca del color de sus ropas (Por ejemplo: "Me gusta tu camisa verde").
- Juegue a "Simón dice" relacionando el color de la ropa que los estudiantes visten.
- Pida a los estudiantes que creen un proyecto de grupo sobre la rueda del color y los colores opuestos.
- Juegue Dominós™, Candyland™, o Conecta Cuatro™ modificado. Enfatice los colores mientras juega.

Habilidades de Juego (Modele para los estudiantes y juegue con ellos)

- Haga que los estudiantes salten en cuadros de color rojo, azul, amarillo y verde. Use un tablero de imagen o la rueda de color para decirle a los estudiantes sobre qué color saltar.
- Juegue a la cocina y pretenda que usted cocina y coma los alimentos que son azules. Use fotos de alimentos coloreados de azul. (Utilice esta idea con cualquier color objetivo.)
- Haga que los estudiantes gateen dentro y fuera de una caja azul (puede ser pintada) o una caja con estrellas azules que los estudiantes pintaron a principios de la semana. Céntrese en los conceptos de "dentro" y "fuera" durante el juego.
- Construya una torre con bloques azules o bloques de cerdas (bristle blocks). Dele a los estudiantes la opción de dos colores y haga que elijan los bloques azules. (Utilice esta idea con cualquier color objetivo.)
- Juegue usando barcos y pececitos de juguete en una bañera con agua teñida de azul.

Participación Sensorial

- Utilice crema de afeitar coloreada para escribir la palabra "AZUL". (Use esta idea con cualquier color de objetivo).
- Utilice arena coloreada de azul y pegamento para trazar las letras de la palabra "azul". (Use esta idea con cualquier color de objetivo.)
- Rocíe agua sobre el papel de construcción azul luego de haber leído una historia sobre la lluvia.
- Lea un libro acerca de las ardillas y haga que los estudiantes peguen hilo grisáceo o bolas de algodón coloreadas de gris sobre una imagen grande de una ardilla.
- Haga una gran fresa utilizando papel de construcción y sal coloreada de rojo.

## Dominio del Concepto Básico

- Haga que los estudiantes localicen su bandera preferida o la bandera de su país de origen. Haga una réplica en papel de construcción. Hable sobre los colores de la bandera de cada persona.
- Cree un libro de números con diez páginas del 1 al 10. Escriba el número en la parte superior de la página en un tamaño grande, y haga suficientes puntos para corresponder a ese número. Haga cada página de un color diferente. Léala a los estudiantes mientras cuentan.
- Juegue al bingo de color.
- Utilice papel de construcción para hacer formas grandes y pequeñas de cada color. Haga que los estudiantes ordenen las formas grandes y pequeñas al pegarlas en la página.
- Haga una tabla de "Qué es" acerca del limón (por ejemplo, se parece a, suena como, sabe como). Haga que los estudiantes completen la tabla como un grupo. Pruebe un limón.

## Vocabulario / Alfabetización

- Haga que los alumnos creen una tabla de objetos azules vs objetos amarillos. Utilice recortes de revistas para hacer que los estudiantes peguen los objetos azules sobre el lado azul y los objetos amarillos sobre el lado amarillo.
- Haga que los estudiantes elijan objetos rojos de una opción de 2 o 3 luego de haber leído un libro sobre el color rojo.
- Busque elementos rojos en revistas. Haga que los estudiantes verbalicen o utilicen un dispositivo de salida de voz para indicar: "Este es Rojo". Muestre la tarjeta de imagen para la palabra escrita en rojo. Usando un distractor, haga que los estudiantes coincidan la palabra escrita con una tarjeta de imagen.
- Lea un libro corto sobre una granja. Utilice tiza roja, pintura de dedos o marcadores para colorear un dibujo de un granero rojo.

- Lea un libro corto sobre la tierra. Cree una imagen de la tierra y haga que los estudiantes la coloreen con azul para el "agua" y verde para la "tierra".

Motricidad Fina

- Haga que los estudiantes organicen y recorten letras para deletrear la palabra azul sobre un modelo escrito idéntico. Haga que los estudiantes completen una hoja de trabajo pegando las piezas cortadas sobre el papel que dice "azul". (Use esta idea con cualquier color objetivo.)
- Utilice letras de esponja empapada en el color de la pintura de su elección, sobre papel de construcción negro.
- Haga que los estudiantes arranquen, enrollen, y luego peguen papel tisú de color verde sobre el tronco y ramas de un árbol de papel.
- Utilice papel tisú de color para "colorear" el delineamiento de una forma en un papel.
- Construya cerezas rojas utilizando sal coloreada de rojo y pegada en la parte superior de un recorte en forma de cereza.

Motricidad Gruesa

- Juegue a los bolos con pines de colores.
- Juegue a la rayuela sobre cuadrados coloreados.
- Haga un desfile con banderas de colores. Haga que los estudiantes construyan las banderas de papel y su personaje favorito.
- Pasee por la escuela a la caza del tesoro de los colores. Dé a cada estudiante un color para sostener en su mano para que sepan qué buscar.
- Realice carrera de cochecitos de diferentes colores. Haga una pista con cada color y las banderas de ese color. Haga que los estudiantes hagan correr a los cochecitos por sí mismos.

# Sugerencia para Aplicación

## HACER QUE SUS ESTUDIANTES RESPONDAN

1. Si tiene un plan de comportamiento específico, entonces sígalo. De lo contrario, pruebe esta técnica para *la mayoría, no todas* las instrucciones diarias: Use sólo unas pocas palabras para realizar una solicitud.

2. Dele a sus estudiantes su solicitud sólo 2 veces, a continuación, en la tercera petición siempre continúe con asistencia.

# Números & Formas

Atención Conjunta

- Cuente los alimentos favoritos antes de comerlos.
- Llene un recipiente transparente con agua. Discuta los conceptos de lleno y vacio. Utilice cinta y números para contar la cantidad de agua que hay en el recipiente.
- Haga conteo regresivo para realizar un despegue divertido con un avión de papel o un globo.
- Lean juntos una revista o un periódico y localicen todos los números que encuentren.
- Sople burbujas y cuente cuántas puede ver o cuántas puede hacer estallar.

Habilidades de imitación

- Utilice pintura de dedos para imitar pintar un cuadro de un número de su elección.
- Use plastilina roja para hacer formas. Haga que el estudiante imite la forma.
- Arroje al aire dinero de jueguete y veálo caer. Observe si los estudiantes imitan.
- Utilice tarjetas Uno™ para jugar a un juego de tarjetas modificado. Como un objetivo del juego, haga que los números similares coincidan.
- Tome turnos para jugar un juego familiar. Haga hincapié en la frase "Mi turno" o la acción de palmearse el pecho para indicar "mi turno".

Comunicación

- Use una tabla de números para hacer que los estudiantes soliciten un # específico de artículos de la hora de la comida .

- Cuente del 1 al 20 en voz alta, y después repita en voz baja.
- Haga que los estudiantes pidan galletas cuadradas o redondas.
- Hagan juntos una tabla de los días de la semana. Haga que los estudiantes indiquen todos los días.
- Enseñe a los estudiantes a hacer predicciones sobre la duración al estimar el número de unidades de un objeto pequeño que se necesitarán para igualar un elemento más grande (verbalmente o al entregarle a usted una tarjeta de número). Grafique las predicciones, y a continuación complete el experimento.

## Habilidades de Auto-ayuda

- Decore, y luego lamine un mantel individual que sirva como un límite para la hora de las comidas.
- Haga que los estudiantes soliciten un número fijo cuando obtengan estimulación sensorial. Por ejemplo, si un estudiante está recibiendo alta presión al chocar los cinco como recompensa sensorial, hágalo pedir una cantidad específica de alta presión al chocar los cinco.
- Utilice un reloj como un modelo para que los estudiantes creen sus propios relojes de papel.
- Haga palomitas de maíz. Cuente cuantas piezas se necesita para pegar en varias formas.
- Doble formas grandes para practicar plegado. Anime a los estudiantes para ver si pueden hacer otras formas doblando.

## Aptitudes Independientes/Aptitudes pre-vocacionales

- Complete un papel de puntos de conexión.
- Decore una hoja de trabajo grande de cada número del 1 al 10.
- Practique usando una calculadora para agregar sumas.
- Ir "a la pesca" de números y formas.
- Utilice un calendario para el conteo regresivo de una actividad favorita.

Aptitudes Sociales

- Realice un juego familiar por turnos, mediante el uso de una tarjeta "1" y "2" para demostrar quién es primero y quién es segundo.
- Use un tablero de imágenes con información sobre el tema para motivar a 2 intercambios de comunicación durante el juego entre los estudiantes.
- Enseñe a los estudiantes sus números de teléfono utilizando la melodía de la canción del abecedario.
- Haga que los estudiantes aprendan su propia dirección. Haga que practiquen escribiéndola o localizándola.
- Realice el juego de tarjetas "Guerra".

Habilidades de Juego (Modele para los estudiantes y juegue con ellos)

- Haga un barco con formas grandes de cartón. Haga que los estudiantes pretenden ser piratas.
- Establezca una tienda en el salón de clases. Usando dinero de juego, haga que los estudiantes compren artículos de la tienda.
- Jugue con objetos de gran tamaño y de varias formas. Destaque que forma se esta utilizando y anime a los estudiantes a nombrar la forma con la que les gustaría jugar.
- Construya una maraca (creada por profesor) llena de fríjoles. Cuente un número determinado de fríjoles para poner en ella.
- Compare por peso objetos de juego. Discuta los atributos de "pesado" y "liviano".

Participación Sensorial

- Susurre al oído del estudiante mientras que cuenta sobre un tablero de números táctil.

- Use crema de afeitar para crear números del 1 al 10.
- Use plastilina para hacer formas diversas.
- Rocie aromas sobre tarjetas de índice.
- Pinte con el dedo un libro de números para que los estudiantes lleven a casa.

## Dominio del Concepto Básico

- Deletree palabras de números y decore con pegamento brillante.
- Cree un patrón con formas. Haga que el estudiante finalice el patrón.
- Hable acerca de la forma "círculo". Céntre la atención del estudiantes sobre la colocación de objetos dentro y fuera del círculo.
- Realice un gráfico de qué colores están vistiendo los estudiantes . Grafique los datos por una semana.
- Identifique un conjunto de rectángulos como largo o corto.

## Vocabulario/ Alfabetización

- Deletre las palabras de los números del 1 al 10. Complete una hoja de trabajo coincidiendo las palabras con los números. Haga que los estudiantes creen sus propios libros de historia de números utilizando imágenes, o fotos.
- Lea una historia acerca de los números. Haga que los estudiantes creen su propio libro de historia de números con imágenes, o fotos.
- Cree una imagen grande para mostrar los conceptos de más y menos.
- Haga que los estudiantes secuencien una historia utilisando tres cuadrados con la etiqueta "primero", "segundo" y "tercero".
- Identifique monedas o agregue monedas para hacer una suma.

## Motricidad Fina

- Haga que los estudiantes coloreen una rana verde grande, luego escriba la palabra "rana" en la parte inferior. A continuación, utilice el brillo dorado para que los estudiantes rellenen los espacios en la rana. Cuente los puntos.
- Utilice fideos sin cocer en una tina de plástico para que los estudiantes "pesquen" números de plástico o laminados. Utilice una tabla de números para que ellos pongan los números "hallados".
- Haga que los estudiantes corten formas (círculo grande, triángulos pequeños, media luna) manteniendo dentro de $\frac{1}{4}$ de pulgada de la línea. Use las formas para hacer una cara.
- Utilice formas pre-cortadas de cartón, palitos de paleta y pegamento para hacer una casa o "cabaña de troncos".
- Utilice copitos de algodón para pintar un determinado número de puntos en una forma.


## Motricidad Gruesa

- Juegue a la rayuela.
- Juegue Twister ™ o una versión modificada.
- Haga que los estudiantes "corran una maratón", o una distancia determinada utilizando marcadores con números grandes para marcar cada pie, yarda o metro que corren.
- Pasee por la sala a la caza del tesoro de los números chapeados en oro (con brillo de oro), escondidos por el/la maestro(a).
- Utilice un diamante de béisbol o cree su propio diamante para jugar béisbol. Enfatice sobre las formas encontradas en todo el juego.

# Sugerencia para Aplicación

## ENSEÑAR HABILIDADES PARA LA HORA DE LA COMIDA

1. Enseñe la habilidad de usar un tenedor y una cuchara (Por ejemplo, algunas personas optan por una "pausa" de 10 segundos [remoción de alimentos] para usar los dedos)

2. Enseñe consistentemente el uso de la servilleta.

3. Cree un límite para su estudiante con un mantel individual o toalla de cocina, si él/ella toma los alimentos de otros o hace desorden durante las comidas.

4. Provea soporte visual para comunicar lo que su estudiante podría querer decir o lo que usted podría querer decir a su estudiante durante las comidas (recuerde agregar también comentarios tales como "esto sabe bueno" o "no me gusta eso".

5. Anime a su niño a pedir todos los artículos que él/ella recibe durante la hora de la comida.

(Sugerencia de AutismClassroom.com, Cómo Preparar un Área de Trabajo en la Casa para un Niño con Autismo).

# Otoño (Sub-tema: Todo Acerca de Mí)

Actividad Conjunta

- Juegue al espejo con el estudiante. Imite lo que él o ella hace.
- Haga que los estudiantes elijan un juguete favorito, y luego jueguen juntos con este objeto. Use apoyo visual que diga "Me gusta ..."
- Lleve fotos de miembros de la familia con los detalles del evento (escrito en la parte de atrás por mamá o papá) y vea las fotos con el estudiante mientras lee los detalles.
- Balancéense juntos en una pelota grande de terapia mientras que menciona y describe los aspectos memorables de los juguetes, libros o personajes favoritos del niño.
- Construya una bolsa llena de texturas de diferentes tamaños, formas y materiales. Haga que los estudiantes tomen turnos para alcanzar y sacar un una textura.

Habilidades de Imitación

- Juegue "siga al líder". Enfatice la frase "síganme todos".
- Juegue al salto de la rana. Observe si los estudiantes imitan saltar como una rana. Cree disfraces de ranas o pinte máscaras de ranas para realzar la actividad.
- Pretenda ser un árbol con hojas que caen. Haga que los estudiantes imiten.
- Utilice un tablero que borre en seco para hacer autorretratos juntos.
- Dibuje líneas para mostrar la dirección de una hoja al caer de un árbol.

## Comunicación

- Haga que los estudiantes y padres realicen un proyecto de arte visual sobre vacaciones de verano. Haga que cada estudiante comparta lo que hizo. Pida a los padres que envíen una tarjeta índice con los detalles del proyecto de vacaciones de verano.
- Haga que muestren y cuenten.
- Aliente a los estudiantes a resaltar el talento que tengan en un espectáculo de talentos en el salón de clase. Sea creativo(a) al apoyar a los estudiantes a que participen todos.
- Haga que los estudiantes creen trabajos grandes de arte y muéstrelos en una "Exposición de Arte" en su salón. Invite a los padres y al director. Haga que los estudiantes presenten sus trabajos mediante palabras o sosteniendo un gran cartel con su nombre y el título del proyecto.
- Haga que los estudiantes practiquen saludándose unos a otros al llegar a la escuela.

## Habilidades de Auto-ayuda

- Practique el procedimiento de llegada por la mañana. Muestre al estudiante las expectativas del comienzo del día escolar. Realice apoyo visual con un vídeo o lista de chequeo si hay algunos estudiantes que tienen problemas para completar todas las actividades de la llegada en la mañana.
- Practique el abrir y cerrar la cremallera de diversos ítems.
- Haga un libro acerca de las cosas que el estudiante puede hacer. Inicie el libro con "Yo puedo..." incluya logros de la vida cotidiana como usar la bacinilla, cepillarme mis dientes, lavar mi cara y ponerme mi ropa.
- Cree un análisis de tarea visual para recetas de cocina que pueden ser utilizadas durante todo el año escolar.
- Haga un regalo para los miembros de la familia para que los estudiantes den las gracias a sus seres queridos.

Aptitudes Independientes/Aptitudes pre-vocacionales

- Cree una lista de trabajos de clase para la semana. Practique las expectativas de cada trabajo. Haga un cartel con la imagen de cada trabajo y el nombre de cada estudiante.
- Haga coincidir la foto de la familia con el nombre del miembro de la familia.
- Haga coincidir las imágenes de los íconos de las partes del cuerpo en un juego creado por el maestro.
- Haga que los estudiantes deletreen o escriban su propio nombre en un juego de carpeta para archivos.
- Realice un recorrido por la escuela al inicio del año, ya sea a pie o a través de un video pre-hecho.

Aptitudes Sociales

- Haga una historia con cada estudiante, llamada "Mis cosas favoritas".
- practique saludar al personal de oficina realizando un viaje a la oficina de uno en uno.
- Hable acerca del espacio personal y del respeto del espacio personal del otro.
- Creen juntos las reglas del aula. Utilice fotos para los no lectores.
- Trabaje en decir "por favor" y "gracias" ya sea verbalmente o a través de lenguaje de señas.

Habilidades de Juego (Modele para los estudiantes y juegue con ellos)

- Realice el juego Operando™ después de leer un libro acerca de las diversas partes del cuerpo. (Si tiene niños muy pequeños o aquellos que colocan elementos en sus bocas, omita esta actividad).
- Identifique las diferentes partes del cuerpo en un muñeco mientras juega con el muñeco.

- Juegue en una casa de muñecas con pequeñas figuritas y discuta sobre los diversos miembros de familia en la familia del juego.
- Fomente la exploración táctil al dejar que los estudiantes jueguen en una pequeña tina con agua.
- Juegue con un rompecabezas de un niño y una niña. Haga que los estudiantes indiquen si son un niño o una niña.

Participación Sensorial

- Cree un poema de rimas con los estudiantes sobre el uso de sus oídos. Haga hincapié en la idea de usar los oídos para escuchar las palabras que riman.
- Cree tambores utilizando materiales comunes de todos los días. Utilice los tambores para crear una banda musical.
- Tenga un día de degustación de alimentos donde los estudiantes prueben el sabor salado, dulce, amargo y alimentos blandos. Haga que los estudiantes etiqueten a lo que sabía cada alimento o haga que den un "pulgares hacia arriba" o un "pulgares hacia abajo" a cada alimento.
- Recoja hojas y haga un collage con las hojas.
- Engarce macarrones secos o bucles de cereal para hacer un collar.

Dominio del Concepto Básico

- Cree un gráfico de los estudiantes que tienen hermanos. Cuente cuántos estudiantes tienen hermanos y cuántos tienen hermanas y cuántos tienen ambos hermanos y hermanas.
- Haga que los estudiantes trabajen en un poema de grupo o una historia sobre la familia.
- Cree un árbol genealógico para cada estudiante empleando fotos.
- Pinten juntos un autobús escolar gigante. Concéntrese en el color amarillo.
- Haga que los estudiantes coincidan los nombres de sus compañeros de clase con sus fotos.

Vocabulario/Alfabetización

- Haga hincapié en la letra "c" de "caer". Haga que los estudiantes identifiquen la imagen de una escena de caída. Use plastilina para hacer la letra "c" y para hacer un árbol con hojas (que caen).
- Lea una historia acerca de los distintos lugares en que la gente vive. Sobre un papel de construcción grande, haga una "casa" o un "edificio de apartamentos" y haga que los estudiantes coloquen imágenes pre-cortadas de personas en el interior de las viviendas.
- Utilice una tira de papel para hacer una lista larga con los nombres de cada estudiante y con los nombres de cada miembro de sus familias. Agregue fotos para ver si ellos pueden coincidir la imagen con el nombre.
- Utilice el computador para hacer que los estudiantes practiquen digitando sus propios nombres.
- Realice un "concurso" de fotos de bebés para ver que miembros del equipo de la escuela pueden coincidir las fotos del estudiante cuando bebé con la imagen del estudiante de la actualidad.


Motricidad Fina

- Los estudiantes coinciden los mismos artículos que escribimos (lápiz, crayola, marcador, pintura). Luego, complete un escrito que diga "Puedo escribir con ..."
- Practique escribiendo o localizando sus nombres en tiras de papel utilizando un marcador rojo.
- Cree su propio tema de otoño con tarjetas de cordón, usando tarjetas laminadas, papel de existencias y una perforadora. Haga que los estudiantes usen yardas para enlazar las tarjetas.
- Haga que los estudiantes utilicen la fuerza de las manos para hacer los agujeros de sus propias tarjetas de cordón.
- Practique cortando formas de hojas o cualquier otro forma para el tema de otoño.

## Motricidad Gruesa

- Utilizando un papel de tablero, dibuje un amplio esquema de cada estudiante y decórelo.
- "Patine sobre hielo" con los pies descalzos utilizando una carpa, un mantel de mesa plástico y crema para manos, crema de afeitar o crema batida. Asegúrese de que nadie lo ponga en su boca.
- Juegue a la canción de "Cabeza-Hombros-Rodillas y dedos" actué de acuerdo a lo que se canta.
- Trote alrededor de la escuela.
- Salga al exterior y practique a lanzar una pelota de fútbol americano y corra con ella.

## Sugerencia para Aplicación

### ENSEÑAR HABILIDADES PARA EL USO DEL INODORO

1. Tenga un plan y trabaje en un paso a la vez.

2. Use ayudas visuales (Para ideas de cómo enseñar sobre el uso del inodoro, visite el sitio web TEACCH.com).

3. Utilice encadenamiento regresivo (orientación física, luego reforzar el último paso.)

4. Utilice modelado de video (Por ejemplo, modele desde el punto de vista del niño. Hay maneras de ser creativo/va sin necesariamente mostrar el acto de alguien usando el baño. Por ejemplo, utilice botellas de chorro y barras de chocolate para imitar el acto de usar el baño).

5. Algunos pasos para considerar para el siguiente progreso:

      1.) Sentarse sobre el inodoro
      2.) Orinar en el inodoro
      3.) Limpiarse con el papel higiénico.
      4.) Tiempo de aprendizaje.
      5.) Solicite el uso del baño.
      6.) Independiente.

(Sugerencia de AutismClassroom.com, Cómo Preparar un Área de Trabajo en la Casa para un Niño con Autismo).

# Invierno (Sub-tema: Vacaciones de Invierno)

Atención Conjunta

- Realice un juego similar a "¿Quién tomó las golosinas de la jarra de golosinas?" utilizando un alimento relacionado a las festividades.
- Envuelva una caja de regalo, haga un gran agujero en la parte superior. Coloque los objetos de vacaciones en el interior. Haga que los estudiantes alcancen el interior de la caja para ver que tesoro pueden sacar.
- Haga un juego de golosinas donde cada golosina sea envuelta como un regalo. Aliente al niño a desenvolver la golosina mientras que ambos esperan a ver lo que hay dentro.
- Jueguen juntos en nieve artificial.
- Pretendan hacer una llamada telefónica en conjunto a un familiar para desearle unas felices fiestas.

Habilidades de Imitación

- Juegue el juego "Hokey Pokey" con un tema de los animales en invierno. Haga una máscara para fingir ser cada animal.

- Pretendan ser osos y ejecute una carrera de obstáculos a través de una "cueva" dirigida por el maestro. Gruñan como un oso cuando estén en la cueva.
- Siga a "Frosty". Cree un muñeco de nieve grande utilizando papel de construcción de gran tamaño. Haga que los estudiantes imiten el muñeco de nieve.
- Pretenda ser un robot para ver si los estudiantes le imitan. Reparta elementos favoritos a los estudiantes para que imiten sus movimientos.
- Pretenda hacer ángeles de nieve sobre una alfombra.

## Comunicación

- Haga que los estudiantes escriban una carta a un miembro de la familia y envíela por correo.
- Tenga un refrigerio especial de vacaciones y anime a los estudiantes para que lo soliciten mediante el uso de diversas estrategias aumentativas.
- Realice una visita a otros profesores para enviarles un saludo especial centrado en el estudiante.
- Lea una historia acerca de la celebración del año nuevo. Haga que los estudiantes practiquen diciendo "¡Feliz Año Nuevo!".
- Haga que identifiquen palabras de invierno entre dos opciones dadas.

## Aptitudes de Auto-ayuda

- Vístase con ropa de invierno para practicar habilidades de vestirse. Pretendan ir a una caminata de invierno o a un paseo de esquí.
- Practique abrir/cerrar la cremallera en un tablero de cremallera para niños.
- Use una receta para hacer masa para jugar. Permita que los estudiantes jueguen con la masa o la tiñan de un color.
- Realicen y entreguen tarjetas navideñas o regalos a los secretarios, personal de la cafetería y el personal de custodia de la escuela. Use un soporte visual

para ayudar a los estudiantes a encontrar la "dirección" (número de salón) de cada persona que recibe una tarjeta o un regalo.

- Pretenda ser un oso e "hiberne" para el invierno al "hacer la cama" para el oso y al irse a la "cama".

## Aptitudes Independientes/Aptitudes pre-vocacionales

- Haga que los estudiantes creen un "proyecto de investigación" sobre los animales de invierno. Haga que trabajen con un compañero para hacer un folleto o un proyecto sobre papel de construcción.
- Utilice el internet para buscar información acerca de los animales de invierno.
- Haga chocolate caliente.
- Coincida o categorice imágenes de animales de invierno.
- Envuelvan regalos de los unos para los otros, en el salón de clase.

## Aptitudes Sociales

- Juegue al acto de abrir regalos y decir gracias.
- Pida a los padres del estudiante que escriban un breve párrafo acerca de sus tradiciones en las festividades de invierno. A partir de esta información, ayude a los estudiantes a crear su propio libro familiar.
- Vea un video sobre grandes reuniones familiares o cree un video para ayudar a los estudiantes a prepararse para una gran reunión.
- Realice una fiesta social con otra clase para practicar las habilidades aprendidas relacionadas con reuniones de grupo. Asegúrese de tener algunas estaciones con prácticas, actividades divertidas para que los estudiantes puedan rotar a la y de la actividad.
- Use el computador para encontrar rostros de personas que muestren las diversas emociones que experimentan las personas.

Habilidades de Juego (Modele para los estudiantes y juegue con ellos)

- Practique preposiciones. Ponga un personaje de las festividades o algún otro elemento festivo en, fuera, encima, debajo, al lado y en frente de una casa.
- Haga coincidir los artículos de ropa de invierno y la ropa de verano.
- Enfatice en la toma de turnos, mientras que golpea a un disco de hockey con un palo de hockey.
- Haga un tobogán de nieve utilizando nieve artificial en el interior de una piscina de bolas.
- Realice el juego del trompo hebreo (Dreidel).

Participación Sensorial

- Haga un adorno sensorial perfumado, con una naranja, una cadena y clavos aromáticos.
- Juegue con hielo o nieve.
- Reproduzca diferentes sonidos de festividades para ver si los estudiantes los pueden identificar.
- Elabore un calcetín con fieltro, algodón y brillo.
- Utilice un trampolín para pretender ser un esquiador saltando por el aire.

Dominio del Concepto Básico

- Cuente las velas de un candelabro.
- Haga una "montaña" de nieve (similar en tamaño a la montaña-volcán que un niño hace como experimento) y tenga un osito de peluche para pretender que va hacia arriba y sobre la montaña. Haga hincapié en las preposiciones "arriba" y "sobre".
- Haga un muñeco de nieve con platos de papel. Utilice formas pequeñas para hacer los rasgos faciales.
- Engarce abalorios rojos y verdes en un patrón.

- Haga que los estudiantes trabajen juntos para crear un tablero de anuncios con un tema de invierno.

Vocabulario/Alfabetización

- Lea un libro acerca de una fiesta. Haga un collage de cosas que se hacen en una fiesta.
- Utilice oraciones en tiras de papel para que los estudiantes vuelvan a contar una historia acerca de una fiesta.
- Lea la historia de Kwanzaa. Traiga a la clase varias frutas. Pruebe las diferentes frutas. Haga un dibujo sobre los "primeros frutos" de Kwanzaa.
- Haga fotos de nieve utilizando papel de construcción negro y puntos de pintura blanca. Deletree la palabra "n-i-e-ve".
- Practique compartir como los hacen amigos y familiares en Kwanzaa. Enfatice la palabra compartir en la medida en que los estudiantes pasen alrededor un juguete o un elemento muy motivador.

Motricidad Fina

- Haga velas de Jánuca con cera y agua tibia.
- Haga un calcetín navideño utilizando fieltro, yardas y una perforadora.
- Utilice un árbol de papel de construcción verde y decórelo con adornos autoadhesivos.
- Haga un regalo de navidad utilizando unas tijeras para cortar un cuadrado de cartulina, papel tisú, hilo, y calcomanías pequeñas.
- Haga una máscara para ir a la Fiesta de la Víspera de Año Nuevo.

Motricidad Gruesa
- Patine sobre hielo en una lona.
- Realice un Campamento de Formación para Juegos Olímpicos de Invierno. Haga que cada estudiante practique su deporte.

- Realice una pelea de bolas de nieve con bolas de algodón.
- Fije la nieve a la rama del árbol.
- Vaya a patinar con un monopatín.

## Sugerencia para Aplicación

### ENSEÑAR HABILIDADES PARA VESTIRSE

1. Primero cerciórese de que sus estudiantes pueden quitarse la ropa al pedírselo.

2. Utilice tallas grandes (pantalón y camiseta de sudadera en talla para adulto) para enseñar la habilidad a diario. Haga que lo practiquen con su propia ropa.

3. Utilice la menor cantidad de asistencia física necesaria.

4. Utilice soporte visual tal como fotos o instrucciones para la secuencia de vestirse.

5. Divida tareas entre partes pequeñas y considere las fortalezas de sus estudiantes.

(Sugerencia de AutismClassroom.com, Cómo Preparar un Área de Trabajo en la Casa para un Niño con Autismo).

# Primavera

Atención Conjunta

- Active una grabación de audio de la lluvia y escuchen juntos.
- Utilice un juguete de cuerda que se relacione con la primavera (pato, conejo, etc.).
- Varíe su voz haciéndola alta y baja al decir "¡Oh, no!" ó "Uh oh" cuando comente durante el juego con un juguete.
- Huelan flores de primavera juntos.
- Cosquillee a alguien con una pluma.

Habilidades de Imitación

- Pretenda ser un conejo comiendo una zanahoria. Haga que sus estudiantes imiten.
- Hagan una mariposa con cartulina y papel tisú. Haga que los estudiantes pretendan volar con sus mariposas.
- Cante una canción sobre la primavera y haga que los estudiantes actúen los movimientos.
- Salto del conejo (bunny hop), por toda la habitación.
- Use un espejo para hacer muecas divertidas y movimientos de la boca.

Comunicación

- Lea una historia acerca de los conejos y las zanahorias. Pregunte a los estudiantes qué hacen los conejos con las zanahorias. Haga que completen una hoja de trabajo que muestre que "los conejos comen zanahorias".

- Haga que los estudiantes identifiquen sus cosas favoritas de primavera con imágenes e . Utilice sus ideas para ayudarles a crear una carta para su familia acerca de sus cosas favoritas de primavera.
- Haga que los estudiantes completen la frase "La primavera me hace sentir___".
- Use un ventilador y objetos de varios tamaños. Pida a los estudiantes que hagan una predicción sobre la fuerza del viento. Haga que le digan cual objeto creen ellos que se moverá más lejos.
- Utilice tiras de papel para crear una frase sobre la primavera. Deje un espacio en blanco para que los estudiantes lo llenen. Haga que los estudiantes llenen la parte en blanco de la oración con una foto.

Aptitudes de Auto-ayuda

- Pinten huevos juntos. Discuta las instrucciones usando soporte visual.
- Utilice instrucciones o pistas para localizar zanahorias de papel de construcción ocultas en el salón.
- Utilice una lista de mercado para hacer que los estudiantes compren huevos y colorantes para alimentos.
- Construya una casa para pájaros utilizando imágenes como instrucciones.
- Fomente la "limpieza de primavera" al crear un análisis de tarea para lavarse las manos.

Aptitudes Independientes/Aptitudes pre-vocacionales

- Coincida conjuntos de números del 1 al 5 utilizando zanahorias o fotos de zanahorias recortadas.
- Cree algunos trabajos de "limpieza de primavera" mediante un análisis de tareas para diferentes trabajos.
- Practique doblando ropa y "empáquela aparte para el invierno".
- Haga que los estudiantes completen una búsqueda de palabras sobre la primavera.

- Practique el uso de una grapadora para grapar la parte superior de un sobre lleno de de semillas para plantar. Decore el sobre. Haga que los estudiantes den las semillas como un regalo a un miembro favorito de la facultad.

## Aptitudes Sociales

- Haga que los estudiantes usen su imaginación para completar la frase "Si yo fuera un oso hambriento, me comería _____".
- Haga que los estudiantes comenten entre sí a fin de hacer un marco para fotos con calcomanías alusivas a la primavera.
- Pida a los estudiantes que trabajen juntos para hacer un jardín de flores (ya sea real o con papel de construcción y flores de papel tisú).
- Lea la historia de la tortuga y la liebre. Discuta el concepto de no darse por vencido.
- Trabaje en las habilidades sociales al capturar "mariposas" juntos con el juego de Elefun ™.

## Habilidades de Juego (Modele para los estudiantes y juegue con ellos)

- Haga un resorte de cinta con serpentinas y un tubo de papel toalla. Realice un desfile.
- Construya nubes de almohadas, luego salte sobre ellas.
- Utilice una botella de agua para rociar en el aire y hacer una lluvia de primavera.
- Construya una marioneta con un tema de primavera y realice un espectáculo de marionetas.
- Cree su propio "parche de flores" luego recoja flores.

## Participación Sensorial

- Haga una botella brillante con una botella limpia de refresco o de agua, agua, brillo. Selle la parte superior con pegamento y cinta adhesiva.
- Haga que los estudiantes exploren la sensación de varias texturas plásticas o huevos de espuma de polietileno.
- Identifique las aromas de la primavera con los ojos cerrados o vendados.
- Haga un conejito sensorial utilizando un plato de papel, bolas de algodón y yardas.
- Haga flores perfumadas con perfume o atomizador para el cuerpo.

## Dominio del Concepto Básico

- Haga orejas de conejo para todos los que usan limpiadores de válvula y papel de construcción. Cuente el total de orejas en la clase una vez que todos se las hayan colocado en la cabeza.
- Oculte un grupo de letras asociadas con la primavera en un recipiente de arroz o de bolas de algodón. Haga que los estudiantes localicen las letras al alcanzar el recipiente para encontrarlas.
- Haga que los estudiantes ordenen huevos grandes y pequeños.
- Haga que los estudiantes trabajen ordenando letras minúsculas y mayúsculas relacionadas con la primavera.
- Utilice una bolsa de almuerzo de papel café para hacer un conejo o un ratón marioneta.

## Vocabulario/Alfabetización

- Revise la letra "H". Practique deletreando "Huevo". Pegue huevos de gelatina en la palabra "huevo" o en la letra "H".
- Coincida definiciones de palabras de primavera utilizando tarjetas de índice.

- Haga un rompecabezas de la palabra "primavera" y lamínelo. Haga que los estudiantes completen el rompecabezas después de escuchar una historia sobre la primavera.
- Lea sobre una mariposa monarca. Cree una hermosa mariposa usando pegamento con brillo.
- Realice un paseo y vaya a observar aves. De a los estudiantes un recordatorio visual de lo que están buscando. Cree un sistema para medir la cantidad de aves que la clase encuentre.

## Motricidad Fina

- Dibuje una línea desde un conejo con número debajo, hacia las zanahorias del número correspondiente.
- Haga que los estudiantes creen un borde alusivo a la primavera para el tablero de anuncios. Pre-corte las tiras a 2 pulgadas por 12 pulgadas. Haga mariquitas pequeñas, mariposas, soles y otros artículos de primavera para colocar en el borde. Déjelos que lo coloreen, brillen o pinten. Haga que cada estudiante elija una tira para el borde y 5 artículos para pegar en ella.
- Coloree un cuadro sobre la primavera. Para ayudar a resaltar el contorno de la imagen, utilice líneas de pegamento que se haya secado durante la noche.
- Utilice palos flexibles o limpiadores de tubos para crear formas de primavera.
- Pinte con flores de diente de león.

## Motricidad Gruesa

- Haga una canción sobre conejos saltando alrededor de la clase, y luego actúen o representen la canción.
- Realice una carrera de 40 yardas.
- Juegue al tenis o haga que los estudiantes practiquen golpeando una pelota de tenis contra la pared.

- Juegue al fútbol.
- Establezca un "campo de entrenamiento" de primavera y haga que los estudiantes se ejerciten para fomentar la aptitud física.

## Sugerencia para Aplicación

### IR A LA TIENDA

1. Aprovisione a sus estudiantes con una lista visual de lo que ellos buscarán en la tienda (Utilice fotos o posiblemente logotipos del panfleto de la tienda.)

2. Mantenga un "itinerario de viaje" con usted para mostrar todos los lugares que visitarán además de la tienda. Asegúrese de incluir una imagen de retorno al colegio para que ellos sepan cuando usted termina.

3. Utilice de auto-chequeo si es necesario. A veces es más rápido y puede hacer que sus estudiantes participen en la actividad de chequeo de los artículos. (Esta fue una sugerencia de un compañero de trabajo).

4. Comience despacio si es necesario. Para algunas personas, esto significará el solo ir a la tienda y regresar al autobús. Luego intente ir a la tienda a comprar un artículo, como goma de masticar en la caja registradora, luego regrese al bus. Continúe agregando gradualmente artículos a la lista. Si usted sabe que sus estudiantes no lo tolerarán muy bien, por favor no empiece con un viaje a la tienda para una lista de 30 artículos.

(Sugerencia de AutismClassroom.com, Cómo Preparar un Área de Trabajo en la Casa para un Niño con Autismo).

# Verano (Sub-tema: Acampamiento & Parque Zoológico)

## Atención Conjunta

- Juegue a la "papa caliente" con un limón.
- Haga una bolsa de playa con artículos divertidos de playa. Saque los artículos uno a uno con una presentación exagerada.
- "Lean" juntos un folleto de vacaciones y hablen sobre las actividades de verano que se muestran en el folleto.
- Use juguetes de animales de zoológico para hacer sonidos de animales.
- Escuchen juntos las conchas marinas.

## Habilidades de imitación

- Cante canciones de fogata de campamento. Haga que los estudiantes imiten sonidos tontos en las canciones.
- Juegue a "Simón dice" con acciones de campamento (nadar, caminar, montar bicicleta, hacer fuego, acampar, etc.).
- Utilice palillos comestibles con malvaviscos en el extremo para hacer un "palillo de tambor" o un "bastón de mando". Haga que los estudiantes le imiten al hacer un movimiento de tambor o al "dirigir" una orquesta.
- Pretenda ser un animal de zoológico. Muestre imágenes de cada animal y haga que los estudiantes imiten el sonido y la acción.

- Siga la iniciativa de los estudiantes e imítelos.

## Comunicación

- Haga que los estudiantes elijan de una selección de imágenes su actividad favorita de verano.
- Muestre a los estudiantes imágenes de varios animales o traiga a la clase animales de peluche. Haga que los estudiantes practiquen el "saludar" al animal (por ejemplo, "¿Cómo estás Sr. Tigre?").
- Practiquen pedir algo relacionado con el verano. Enseñe a los estudiantes varias formas de hacer la misma pregunta.
- Escuchen y distingan sonidos de animales.
- Hagan un viaje al zoológico. Pida a los estudiantes que nombren o señalen la imagen de los animales apenas los vean.

## Habilidades de Auto-ayuda

- Haga Jell-O™ (gelatina) de arándanos en un tazón de vidrio. Agregue el pescaditos de goma para hacer un acuario comestible.
- Haga smores (tipo de postre). Enseñe a los estudiantes como leer instrucciones /recetas.
- Haga que los estudiantes hagan limonada a partir de cero. Hágales ir de compras con una lista para comprar los ingredientes. Si las compras en una tienda no es una opción, cree un almacén en el área de juego, con los elementos necesarios.
- Practique la lectura de un calendario de verano con imágenes destacando días especiales con imágenes y palabras.
- Use hielo triturado para hacer un batido.

Aptitudes Independientes /Aptitudes pre-vocacionales

- Haga limonada o "galletas" y cree un quiosco fuera de su salón de clases para vender el producto a otros en la escuela. Haga que los estudiantes decoren los avisos del quiosco.
- Empaque una maleta para vacaciones luego de leer un libro sobre las vacaciones.
- Ordene los animales por el color o tamaño.
- Haga que los estudiantes investiguen los muchos usos para el agua. Pídales que creen una lista. Pídales que experimenten intentar poner en práctica los distintos usos que hayan encontrado.
- Practique empacando una mochila para un viaje de acampamiento. Establezca los elementos en un orden específico y de a los estudiantes una lista numerada (con fotos) para seguir. Anime a los estudiantes a que independientemente lean la lista y empaquen la mochila.

Habilidades Sociales

- En verano realice un día de campo con otra clase.
- Cree una historia acerca de las vacaciones y el descanso escolar, que se centre en el niño. Utilice la historia para ayudar a aliviar cualquier temor que puedan tener sobre las vacaciones de verano y el dejar a sus amigos.
- Pretenda estar en un paseo de pesca. Utilice una piscina para niños, "peces" y cañas de pescar.
- Realice una fiesta en la playa con otra clase.
- Dramatice visitando a familiares y amigos durante las vacaciones de verano. Enseñe a los alumnos algunas frases que podrían decir, o algunas situaciones en las que ellos podrían encontrarse durante las vacaciones.

Habilidades de Juego (Modele para los estudiantes y juegue con ellos)

- Utilice una carpa de juguete o real para pretender que va ir a acampar.

- Utilice papel de construcción e imágenes de frutas para hacer "fruit-scotch" saque cada pieza de papel de construcción laminado para formar una tabla de rayuela. Péguelos con cinta de embalaje transparente. Juegue el juego como se juega la rayuela.
- Haga un día en la playa de la zona de juegos. Saque toallas, sombrillas y otros objetos.
- Jueguen los unos con los otros al aro hula y al salto de cuerda.
- En un papel para tablero, pinte un árbol de limón y un parche de fresa. Coloque (con cinta apara enmascarar en la parte posterior) fresas y limones creados por el/la profesor(a). Haga que los estudiantes elijan la fruta.

Participación Sensocial

- Tenga un lanzamiento de globos de agua.
- Jugue en la arena.
- Use arena para la decoración de la letra "A"
- Discuta y experimente el calor del sol y sus efectos sobre la temperatura de la tierra. Discuta el concepto de ser amigable con el medio ambiente.
- Visite un acuario o cree uno propio.

Dominio del Concepto Básico

- Discuta los conceptos de frío y caliente con cubitos de hielo que se derriten.
- Con papel de construcción haga una rana, oruga, mariquita o una mariposa y ponga una cantidad de "puntos" sobre ella. Enfatice el número que se esté trabajando en esa semana.
- Haga una mezcla granola. Use una tabla de números para contar los distintos artículos.
- Use una muñeca para hacer que los estudiantes seleccionen la ropa de verano frente a la ropa de invierno.
- Lea el libro "El Pez Arco Iris" y haga que los estudiantes creen su propio pez arco iris.

## Vocabulario / Alfabetización

- Con los estudiantes cree una historia sobre peces. Escríbala sobre una tabla de papel. Pida a los estudiantes que dramaticen la historia.
- Coincida palabras de verano con sus imágenes correspondientes.
- Haga que los estudiantes identifiquen las frutas de verano. Recorte fotos de una revista y haga que los estudiantes coincidan las fotos con frutas similares.
- Haga un collage de verano. Rellénelo con elementos vistos en el verano. Tenga las imágenes pre-cortadas o busque los elementos en el primer día y recortelos, luego en el segundo día péguelos sobre el collage.
- Discuta sobre la playa. Vea fotos sobre la playa. Hable acerca de la arena. Haga una botella de arena utilizando arena coloreada de diferentes colores.

## Motricidad Fina

- Use plastilina para hacer una carpa o una cabaña de "troncos".
- Haga un ventilador usando una cartulina cuadrada de 3x3 pulgadas, cinta, un palito de paleta, y calcomanías.
- Pinte fresas utilizando trozos pequeños de yarda o hilo negro para las semillas.
- Juegue a "Fijar las semillas sobre la sandía" Use una sandía laminada y "semillas" con Velcro ™.
- Corte pequeños rectángulos de color amarillo y péguelos en un plato de papel para hacer un proyecto artístico de un sol. Enfatice el vocabulario para el color amarillo y los rayos del sol.

## Motricidad Gruesa

- Juegue a la pelota con una balón para voleibol de playa.
- Pretendan que acampan.
- Vayan a una caminata.

- Juguen al voleibol.
- Patinen.

# Sugerencia para Aplicación

## ENSEÑAR HABILIDADES PARA EL USO DE LA TIJERA

1. Empiece hacienda recortes de papel.

2. Pase a cortar pequeños pedazos de cartulina o papel fuerte más o menos de 1/2 pulgada o 1 pulgada.

3. Aumente gradualmente el tamaño del papel.

4. Anímelos a que "corten sobre la línea".

5. Pase a cortar formas en un orden secuencial (Ejemplo: cuando enseñe por primera vez a cortar un cuadrado, tenga antes todas las piezas del cuadrado pre cortadas, excepto uno de los lados. Luego, pase a tener todas las partes del cuadrado pre cortadas, excepto 2 lados, etc.)

(Sugerencia de AutismClassroom.com, Cómo Preparar un Área de Trabajo en la Casa para un Niño con Autismo).

# Transporte

Atención Conjunta

- Haga un avión de papel y vuélelo por el aire. Véanlo volar juntos.
- Pegue en la pared un pedazo grande de papel para tablero con un tren pre dibujado sobre éste. Dele a cada estudiante su propio utensilio de dibujo, escritura o pintura. Creen la pieza maestra juntos.
- Utilice una granja de juguete y un tractor de juguete para hacer hincapié en conceptos tales como ir - parar, adelante-atrás y encendido-apagado.
- Muestre el concepto de arriba y abajo con un divertido y ruidoso camión de bomberos con escalera.
- Siga los movimientos de los estudiantes en su interacción con un cochecito, camión, avión o tren.

Habilidades de Imitación

- Pretenda ser un caballo y haga que los estudiantes le imiten al correr, galopar, caminar y trotar.
- Practique empujando los cochecitos e imite los sonidos que hacen (por ejemplo "Vruum", "cu-cu" o "jonk-jonk").
- Sea un conductor de tren que lleva a los estudiantes a las diferentes "estaciones" en la sala.
- Haga que los alumnos le imiten al mantener los brazos como un avión que vuela, agarre el volante como un conductor, y pedalee los pies como en una bicicleta.
- Cante Las Ruedas en el Autobús. Haga que los estudiantes le imiten.

## Comunicación

- Mientras montan en los triciclos, posiciónese en el camino del niño para que no pueda pasar. Haga que le soliciten que se mueva fuera de la vía.
- Pida a cada estudiante que exprese (a través de palabras o imágenes) su medio preferido de transporte. Grafique cada respuesta de los estudiantes. Haga que el estudiante interprete el gráfico.
- Coincida imágenes de ayudantes de la comunidad y sus vehículos. Haga que los estudiantes practiquen lo que podrían decirle a los ayudantes de la comunidad si se encontraran con ellos.
- Enseñe habilidades de conversación al instruir a los estudiantes en tomar turnos en una conversación así como los vehículos se turnan en un aviso de parar. Utilice avisos hechos por el maestro(a) de parar y de seguir para hacerles saber cuando sus turnos han empezado y terminado.
- Escuche los sonidos del vehículo y haga que los estudiantes identifiquen los sonidos para construir lenguaje receptivo y habilidades para escuchar.

## Habilidades de Auto-Ayuda

- Haga un mantel individual con tema de transporte para que sirva como límite a la hora de las comidas.
- Haga un restaurante para "parada de camiones". Cocine y empaque varios alimentos para vender en la escuela. Invite a otros a visitar la "parada de camiones" en momentos determinados.
- Practique el abrochado del cinturón de seguridad en vehículos, para fomentar las normas de seguridad.
- Utilice una instrucción elaborada por el maestro(a) para que los estudiantes hagan un barco de juguete o un automóvil.
- Lleve a los estudiantes a la biblioteca para encontrar libros sobre el transporte.

## Aptitudes Independientes / Aptitudes Pre-Vocacionales

- Complete la conexión de puntos en un papel para dibujar un velero.
- Haga pasabocas que se parezcan a automóviles, trenes o barcos. Utilice un análisis de la tarea de imagen visual para ayudar con la independencia.
- Utilizando un análisis de tarea visual, pudin de chocolate y galletas de chocolate, haga que los estudiantes hagan "barro" comestible. Coloque el "barro" sobre una hoja de galleta y realice carrera de automóviles o camiones monstruosos por el "barro".
- Practique la interpretación de los colores en un semáforo. Enseñe a los estudiantes que el rojo es para detenerse, el amarillo es para despacio y el verde es para seguir. Una vez que aprendan, pruebe a utilizar los colores como una manera de fomentar conductas positivas.
- Identifique los signos/logotipos para baños de hombres y baños de mujeres que la gente usa cuando esta "sobre la marcha".

## Habilidades Sociales

- Tome turnos al realizar un juego familiar mediante el uso de las tarjetas "1" y "2" para demostrar quién es primero y quién es segundo.
- Pida a los estudiantes que entrevisten a la bibliotecaria de la escuela para averiguar qué tipos de medios de transporte se utilizan en las granjas. Dele a los estudiantes un número determinado de preguntas y una manera para expresarlas, ya sea usando palabras, imágenes o lenguaje de señas.
- Jueguen a disfrazarse utilizando uniformes y vehículos de ayudantes de la comunidad. Haga que los estudiantes pretendan estar reunidos y en interacción con ayudantes de la comunidad.
- Viaje a una estación de bomberos o a una estación de policía. Dele preguntas específicas a los estudiantes para interrogar a los oficiales y los bomberos. Cuando los estudiantes regresen a la escuela, haga que le transmitan sus respuestas.

- Pida a los estudiantes que creen una historia acerca de su viaje para ver a los ayudantes de la comunidad. Haga que compartan su historia con un miembro de la familia cuando el producto final sea enviado a casa.

Habilidades de Juego (Modele para los estudiantes y juegue con ellos)

- Traiga a clase un tren de juguete y una pista. Haga que los estudiantes lo armen juntos y se turnen para usarlo.
- Tome turnos usando una pista de carreras para cochecitos con coches rápidos.
- Pretenda estar en un avión y haga que los estudiantes pretendan ser auxiliares de vuelo o el capitán.
- Coloque una gran X en el centro del área de juego. Haga que los estudiantes pretendan ser como un helicóptero aterrizando sobre la X al saltar sobre ésta.
- Utilice un cohete de juguete para jugar y haga que los estudiantes pretendan ser astronautas. Practique el conteo regresivo para un despegue.

Participación Sensorial

- "Navegue" barcos a través de una tina con agua al soplar aire a través de un tubito para succionar líquidos.
- Navegue barcos en el agua usando sus manos.
- Cree un espacio oscuro en una carpa o una caja grande de cartón (del tamaño de un refrigerador o de máquina lava platos). Coloque tela negra o papel para tablero en el interior. Añada calcomanías de la luna o las estrellas que brillen en la oscuridad. Haga que los estudiantes viajen en una "nave espacial" al espacio.
- Utilice arena en un recipiente claro y pequeño, y mini camiones de descarga como una actividad divertida.
- Utilice un ventilador para imitar la sensación de conducir en un "automóvil veloz".

## Dominio del Concepto Básico

- Deletree palabras de transporte y decórelas con calcomanías de transporte.
- Cuente cochecitos.
- Use una gráfica para trazar predicciones del cochecito ganador en una carrera.
- Use diferentes formas para hacer un barco, cochecito o camión. Enfatice cada forma a medida que avanza.
- Haga un autobús de una caja grande de cartón y pintura amarilla o papel para tablero de anuncios. Pretenda que tiene parada de autobús, conductor de autobús y un autobús. Haga que los estudiantes cuenten el número correcto de monedas para subir al autobús.

## Vocabulario / Alfabetización

- Deletree palabras de transporte. Complete una hoja de trabajo coincidiendo la palabra con el medio de transporte.
- Juegue al Bingo utilizando señales de transporte.
- Con los estudiantes, cree su propio rompecabezas de tren y alfabeto. Haga que cada letra sea un vagón de tren que conecta a la siguiente letra.
- Practique la lectura de un mapa de la escuela. Use el mapa para viajar a un lugar previamente localizado.
- Obtenga un mapa de USA. Muestre a los estudiantes los diferentes estados y las capitales. Hable acerca de las autopistas de alta velocidad y de cómo las carreteras son importantes para algunos tipos de transporte.

## Motricidad Fina

- Construyan juntos un modelo de automóvil.
- Construya un tren utilizando varias cajas para los vagones del tren. Haga que los estudiantes decoren su propio vagón.

- Practique plegados al hacer aviones de papel.
- Cree una "carretera" de papel. Haga que los estudiantes viajen desde el inicio de la carretera hasta el final usando su dedo o un utensilio de escritura.
- Haga un barco usando Origami.

## Motricidad Gruesa

- Construya disfraces de tren y viaje alrededor de la escuela como el "Expreso del aula". Asegúrese de tener pre-fabricadas las paradas para que los niños las localicen a medida que viajan alrededor.
- Construya un coche grande de madera con otras clases y realice un concurso de carrera del tipo Gran Premio.
- Muestre a los estudiantes un video de cómo montar una bicicleta. Utilice un video que muestre la perspectiva del niño para completar la habilidad.
- Realice una carrera de triciclo, bicicleta o vagón.
- Construya remos y pretendan que van en canoa. Haga que los estudiantes pretendan que reman de un lugar a otro.

---

## Sugerencia para Aplicación

### ENSEÑAR HABILIDADES DE ESCRITURA

1. Recuerde que esta tarea algunas veces puede ser difícil debido a complicaciones sensoriales que pueden hacer difícil sostener un instrumento de escritura.

2. Haga su mejor esfuerzo para utilizar la secuencia de desarrollo adecuada para las habilidades de escritura.

3. Use indicaciones de más a menos (Ej.: Asistencia de mano sobre mano para ayudar a que siempre escriba correcto, luego, reducir gradualmente la asistencia, en la medida que su hijo escribe mejor.)

4. Hágalo divertido (Ej.: Utilice animales de juguete como lápices, haga que el niño dibuje una línea a su golosina o cereal favorito.)

5. Cree oportunidades para escritura multi-sensorial (Ej.: Escriba en crema de afeitar, pudin, crema batida o letras de papel lija.)

(Sugerencia de AutismClassroom.com, Cómo Preparar un Área de Trabajo en la Casa para un Niño con Autismo).

---

# Apps

Recientemente, aplicaciones móviles se han convertido en una herramienta de aprendizaje enorme en el campo de la educación. AutismClassroom.com incluso tiene una serie de aplicaciones informativas (*aula de autismo, aula set up, autismo en el hogar, adolescentes con autismo y retrasos en el desarrollo* y *Apoyo de comportamiento para el autismo y educación especial*) destinados para el desarrollo profesional y desarrollo personal de los educadores, los proveedores de servicios y los padres que quieran aprender más sobre la enseñanza de niños con autismo. Sin embargo, la mayoría de las aplicaciones que se crea es aplicaciones interactivas para los niños. A continuación se presentan algunas aplicaciones para el iPad ™ e ideas sobre cómo puede ser incorporadas en las lecciones y actividades. Algunas aplicaciones que se enumeran a continuación pueden adquirirse en la tienda para el iPhone ™ o iPod Touch ™ y, a continuación, integradas en el iPad ™. Otros son para el iPad ™ exclusivamente. Muchas de las aplicaciones ofrecen una versión gratuita o una versión "Lite" de la aplicación para que usted puede probarlo antes de comprar la versión completa. El tipo en negrita proporciona el nombre de la aplicación, el nombre de empresa/desarrollador y el precio de la aplicación en el momento de esta impresión de esta publicación.

Atención conjunta

- **Globos Chudigi Software ($0.99)** - Utilice esta aplicación primero y, a continuación, un juego de volar y, a continuación, desinflar globos.
- **Pocket Piano HD (mejor día Wireless, libre)** – Discutir o zumbido melodías conocidas luego tocar una melodía que es familiar. Pulse en cualquier lugar de la pantalla para hacer un sonido.
- **Niño contando (iTot Apps, LLC $0.99)** - práctica contando con una línea de número en primer lugar y, a continuación, pasar a la aplicación en la que los estudiantes pueden presionar cualquier objeto en la pantalla para escuchar y ver el número.
- **Fruit Ninja (ladrillo Media Studios, $0.99)** - Jugar esta aplicación con el estudiante junto a usted. Ver si están interesados en los efectos de sonido y la acción sobre el iPad ™. Permitirles participar en si están interesados. No fuerce la participación.
- **Tozzle (Nodeflexion.com, $1.99)** -Sentarse juntos y tiene el adulto completar cualquiera de las pantallas en la l/m permitir al niño a participar en si están motivadas a hacer SO.
- **Globo pop (Joe Scrivers, $0.99)** -Turnos reventar los globos con el estudiante.

- **Toque aleatorio (Joe Scrivers, $0.99)** - Enseñar causa y efecto con esta aplicación que ayuda a desarrollar habilidades del usuario a utilizar el dispositivo táctil. Ningún contacto es igual a la respuesta correcta para que la atención del alumno puede mantenerse fácilmente.
- **Magnética alfabeto (punto siguiente, $1.99)** - Colocar imágenes en el tablero basado en temas, animales, dinosaurios, mar, granja, etc.. Permiten que el estudiante mover cualquier elemento que elijan en la placa "magnética". O cantar a viejo Mac Donald y utilice la Junta de granja para mostrar los animales en la granja.
- **Hermosas burbujas (Joe Scrivers, libre)** -Uso esta app experiencia juntos como una diversión sensorial.
- **Detectar el punto (Ruckus Media Group, $3.99)** - Hacer una actividad destacando la forma de un círculo o una actividad resaltando un color específico. A continuación, tiene el estudiante busque el círculo en la l/m

Imitación de habilidades/coincidencia

- **Partido de memoria animal (Imagam.com, $0.99)** -Lee una historia sobre los animales en la aplicación y, a continuación, han estudiantes jugar coincidentes sobre animales.
- **Hablando de Roby Çelik el Robot para iPad (Outfit7, libre)** - Vocabulario de los estudiantes dan palabras en una franja de oración o en papel. Pida a los alumnos escribir (dar asistencia cuando sea necesario) la palabra en pantalla del robot. Escuchar el robot repetir lo que se escribe.
- **Hablando de Ben (Outfit7, libre)** -Divertirse dejando Ben imitar palabras y sonidos que hace su clase o su familia.
- **Oigo oveja (Claireware Software, $0.99)** - Personalizar las formas, animales o objetos comunes para hacer sus propias pruebas relacionadas con el tema. Agregar o eliminar mensajes verbales de acuerdo a las necesidades de cada alumno.
- **Montessori coincidentes (Apps.com saltamontes, $0.99)** - Discutir el concepto de la misma y diferente. Muestran algunos ejemplos de números que son los mismos y que son diferentes. Utilice la pantalla de números en la app para tener números de coincidencia de estudiante a la misma numeración.
- **Animal dice (Kazz, libre)** - Identificar figuras de juguete de animales de granja. Utilizar la aplicación para que los estudiantes identificar o modelo de los sonidos que hacen que los animales en la l/m
- **Repetición de ritmo (juegos de Filpo, $0.99)** - Utilice esta aplicación para sus estudiantes musicalmente inclinados. Puede funcionar bien en una clase de música o en una actividad de imitación auditiva. Los estudiantes tendrán que escuchar y ver y, a continuación, puntee en la misma secuencia después de oír lo.

- **Repita después de mí (Digital de Pikes Peak, $0.99)** - Divertirse repitiendo el patrón de sonidos y colores. Hay muchos niveles de dificultad para tratar con este l/m
- **Tangram XL libre (NG, libre)** - Un tangram en una aplicación. Tener cada estudiante por turnos para que coincida con la forma hasta el lugar correspondiente en el rompecabezas tangram.
- **LaDiDa (Khush Inc., $2.99)** - Escribir un poema o una historia corta entre sí mediante apoyos visuales y foto tarjetas. Cantar la canción en el juego alrededor de l/m con diversos ritmos para hacer canciones exclusivas.

Comunicación

- **Sí/No HD (SimplifiedTouch, $3.99)** - Pruebe esta aplicación para tener estudiantes básico de respuesta sí/no preguntas. Pruebe primero con elementos altamente un-motivating que sabe el estudiante detesta a ver si responderá "no" cuando se pregunta "desea esto?"
- **Artix Pix muestra versión (RinnApps, libre)** - Terapia de articulación en una aplicación es lo que obtienes con esto. Terapeutas y maestros que trabajan 1:1 pueden que desee probar este divertido, app interactivo para oradores que puede necesita ayuda adicional con pronunciar palabras y sonidos.
- **Asistencia Chat (Apps asistencial, $24,99)** - Utilizar esta aplicación con spellers y escritores o enseñar mecanografía habilidades para no spellers. En la aplicación, tal como está escrita la frase, la oración es leer en voz alta a través de texto a voz. Esta aplicación permite al usuario crear una lista de"Favoritos" guardar comúnmente usado frases para que puedan acceder a ellos más rápido en un momento posterior. Pruebe esta aplicación cuando preguntas de comprensión sobre una historia.
- **Grace App (Steven Troughton-Smith, $37.99)** - Esta aplicación describe como un "sistema de intercambio de imagen simple, no se habla". Tiene un vocabulario básico de imágenes preprogramadas y también pueden personalizarse mediante cámara del dispositivo, guardada fotografías o imágenes en línea. Es posible colocar elementos en categorías, añadir imágenes a cada carpeta y eliminar, si es necesario. Pruebe a utilizar para acompañar una lección de ciencia en la que se necesitan imágenes reales del experimento ciencia.
- **Mi primer AAC por Injini (NC Soft, $24.99)** - Círculo puede ser un gran lugar para utilizar esta aplicación. El diseño de pantalla personalizables puede mostrar iconos grandes 2 o 8 iconos más pequeños por categoría. Categorías tales como clima, colores, días de la semana pueden ser programados en la l/m Tiene más de 250 iconos organizados por categorías, la elección de una voz de niño o niña y iconos animados.

- **Hablan de mis imágenes - (Grembe Inc., $4.99)** - Crear su propio video video de modelado usando esto. Tomar fotos de un estudiante (que es un modelo de buen interlocutor) saludo varios miembros del personal en la escuela de construcción, a continuación, programar las palabras con las imágenes. Utilizar el vídeo creado para mostrar a los estudiantes cómo saludar a otros. (Esta empresa también hace app **iCommunicate** que el usuario puede utilizar para hacerplacas de terminación que pueden utilizarse como un soporte de comunicación para ejecutar recados o otros viajes al aire libre de la tarea.)
- **See.Touch.Learn. (desfile de cerebro, libre)**- Utilice esta aplicación con una unidad de mascotas. Utilice la "biblioteca" de mascotas para crear una Junta o una "lección" dentro de la app en el que el estudiante puede tener una elección de respuestas basadas en las preguntas que se crea. La app tiene ahora la capacidad de duplicar la "lección" consecutivamente para que más de un estudiante en el grupo pueda tener la oportunidad de contestar la misma pregunta sin partir el programa en.
- **iSpeakButton (Goatella, $3.99)** - Esta aplicación puede utilizarse como un dispositivo único conmutador. Permite grabar un mensaje al igual que el botón grande solo switch dispositivos en muchas aulas.
- **Discurso con Milo: verbos (Doonan logopedia, $2.99)** - Perfecto para enseñar verbos, esta aplicación puede utilizarse durante una lección de idioma. Tienen los estudiantes ver Milo actuar el verbo y, a continuación, pedirles que lo mismo que hace de Milo. En la app, el verbo es hablado como la acción se ha completado y entrada auditiva ayuda a reforzar la acción.
- **Proloquo2Go (AssistiveWare, $189.99)** - Esta aplicación es bien conocida por su solución completa aumentativos y alternativos de comunicación. Incluye fotografías y salida de voz para usuarios ayudar a la comunicación. Si es adecuado para el estudiante, puede utilizarse para una amplia gama de intercambios de comunicación.

Self - Help

- **Tea Timer (en los estudios ronda, $2.99)** - Utilizar esta aplicación con los alumnos que pueden estar teniendo un tiempo difícil renunciar a un giro. Destacar el temporizador visual cuando casi su turno.
- **Programación Visual de primera y entonces (Buen Karma aplicaciones, Inc. , $9.99 )**-Utilice esta aplicación durante la difícil transición visualmente mostrar al estudiante el orden de eventos para el futuro inmediato.
- **De resonancia (AbleNet, $49.99)** - Pruebe esta aplicación para crear una Junta de lista y la comunicación comercial visual sobre la marcha. Personalizar la aplicación para incluir comentarios o preguntas al estudiante quiera preguntar durante el viaje de compras (Ex: dónde está la leche?") Esta aplicación también tiene un dispositivo de soporte para usuarios de conmutador que no podrá utilizar una pantalla táctil.

- **TimeTimer (tiempo temporizador LLC, $1.99)** - Permite la aplicación de temporizador de tiempo a los estudiantes de referencia que se está agotando el tiempo. Uso en una ubicación central en centros y actividades de pequeño grupo.
- **iTouchiLearnLife habilidades: Edición de rutinas de mañana para niño, preescolar y necesidades especiales de niños gratis (Staytoooned, libre)** - Intente utilizar esta aplicación durante un tema de "Todo sobre mí" por tener estudiantes revisa las rutinas de la mañana que pueden realizar cada día. O utilizarlo como una lección de habilidades sociales para mostrar las expectativas en una rutina de aula determinada.
- **Mi maleta poco por mamás con aplicaciones (Madres con Apps, libre)** - Que los estudiantes "pack" la maleta en la aplicación y, a continuación, empacar en una maleta real.
- **iDress Weather (Pebro producciones, $1.99)** - Leer una historia acerca de la actual temporada. Utilizar la app que alumnos elegir ropa adecuada para el clima.
- **Yo soy amor Kids Yoga Viaje Lite (Consultores de Gramercy, libres)** - Utilice esta aplicación para enseñar a self-relaxation. Utilizar los videos como un soporte visual para mostrar las poses de yoga.
- **Mi programación de Video (Acceptional posibilidades, LLC., $29.99)** - Utilizar la aplicación para programar tareas para el día y, a continuación, mostrar el acompañamiento video de la tarea antes de ir. Enseñar a los estudiantes a establecer una programación, personalizar o crear los suyos propios.
- **Stories2Learn (MDR, $13.99)** - Enseñar habilidades independientes que pueden utilizarse durante las comidas, creando una historia para ayudarle a centrarse en habilidades específicas que desea ver durante las comidas. Esta aplicación es personalizable y puedes subir tus propias imágenes.

Habilidades independientes / preprofesional habilidades

- **Cookies más! (Maverick Software LLC, $0.99)**- practicar mezclando, repostería y decoración de cookies en la aplicación de unos días. Culminar la lección mediante la aplicación de las habilidades aprendidas a un cookie real cocción sesión.
- **Sundaes más! (Maverick Software LLC, $0.99)**-una fiesta de helados. Utilice la aplicación que los estudiantes hacen el sundae perfecta, a continuación, cree un sundae utilizando real helado y coberturas.
- **Pizza más! (Maverick Software LLC, $0.99)**- después de una lección de matemáticas que se centra en fracciones básicas, usar la aplicación para hacer pizza y dividir en mitades, tercios, cuartos o ochos.
- **Signos de abarrotes y palabras (empresa de Conover, $0.99)** -Utilizar la app fuera de la Comunidad o antes de un viaje a la tienda para aprender las palabras asociadas con el viaje.
- **Habilidades cotidianas (Ablelink Technologies Inc., $39.99)** - Utilizar esta aplicación con una unidad en tareas domésticas. Use el video que muestra a lavar

platos para enseñar la habilidad de lavar los platos. Mostrar en la pantalla grande como una película. Pida a los alumnos o "lavar los platos" en el área de reproducción o la práctica lavando platos de plásticos en el receptor.

- **Limpiar categoría clasificación (diferentes caminos de aprendizaje, Inc., libre)** - Jugar primero la app. Entonces construir sobre la habilidad durante el tiempo de reproducción, crear cubos para varios juguetes para limpieza. Esto ayudará a los alumnos de practicar habilidades de ordenación en la vida real.
- **Quehacer Pad HD Lite (Nannek, libre)** -Revisar trabajos de clase y los pasos para completarlos.
- **Mi elección Board (Buen Karma aplicaciones, Inc., $9.99)** -Utilizar esta aplicación como un gráfico de refuerzo para mostrar a los alumnos lo que va a trabajar para después de una actividad desafiante.
- **Señales de supervivencia y palabras (Conover empresa, $0.99)** - Hacer una lista de 10 palabras de supervivencia en el papel de gráfico. Pida a los alumnos localizar las palabras dentro de la aplicación y elija en la l/m
- **Modelo Me va lugares (modelo Me Kids, LLC, libre)**-utilice la sección de ejemplo de animación de esta aplicación. Ayuda a explicar varias cosas para que el estudiante debe hacer en el patio de recreo para ayudarles a ser más independientes.


Habilidades sociales

- **Click-N-Talk (intermedio distrito 287, $2.99)**- Historia de imagen visual de hacen un individualizado utilizando esta aplicación. Puede ser programado para utilizar sus propias imágenes y voz. Si un estudiante está teniendo un problema de comportamiento, intente utilizar esta aplicación para crear una historia sobre el comportamiento que desea verlos a demostrar. Mostrarles las fotografías y la historia sobre las formas adecuadas para utilizar sus habilidades sociales.
- **Builder de conversación (herramientas de educación móvil, $7,99)** - Esta aplicación requiere una respuesta verbal de la estudiante. Es gran herramienta para una sesión de 1:1 o 2:1 donde desea enseñar a un estudiante para permanecer en el tema de una serie de intercambios de conversación.
- **Idioma Builder (herramientas de educación móvil, $5.99)** - Esta aplicación puede ajustarse a 3 niveles de dificultad, que resulta en varios estilos de solicita el estudiante. La aplicación muestra una imagen y el estudiante debe hacer un comentario sobre la imagen. Antes de utilizar, identificar las imágenes de la aplicación que desea utilizar y, a continuación, enseñar a los alumnos las palabras de vocabulario que ha identificado por lo que pueden tener algún conocimiento de fondo cuando se utiliza la l/m mover la actividad seguir probando sus nuevas habilidades comentarios mientras mira a través de una revista.

- **Frase Builder (herramientas de educación móvil, $5.99)** - En esta aplicación, los estudiantes construyen oraciones mirando la imagen dada y desplazamiento de las palabras en una "rueda" en la pantalla. Utilizar la aplicación para que los estudiantes construir la frase en la app. A continuación, utilizando papel de gráfico o la pizarra/pizarra, modelo de cómo escribir la frase para que pueda ver en forma impresa, así.
- **Builder preposición (herramientas de educación móvil, $7,99)** - Enseñar una lección de grupo sobre preposiciones básicas y, a continuación, utilizar esta aplicación para enseñar preposiciones básicas. Trabajar con el estudiante juntos para ayudar a él o ella navegar correctamente. Con estudiantes con discurso limitado, puede leer la frase para ellos cuando llega el momento de grabar.
- **Habilidades sociales cotidianos HD (Conover empresa, $1.99)** - Utilice el ejemplo de modelado sobre el app etiquetado "Unirse A un grupo". Pida a los alumnos ver el app, entonces papel el escenario de unirse a un grupo.
- **Modales (Conover empresa, $0.99)** - Colocar esta aplicación en un área de audición con auriculares. Tienen dos estudiantes escuchar y ver el video de "Gente de la reunión y saludo". En otro centro, iluminación, los pasos principales de la lección de "Reunión y saludo la gente" sobre el papel de gráfico con imágenes visuales para acompañar las palabras. En el tercer centro de práctica, los pasos se enteraron mediante palabras, lenguaje de señas o apretones de manos.
- **Oculta el currículum (AAPC, $1.99)** -Tomar unos minutos al día para revisar una nueva habilidad sobre habilidades sociales en esta l/m Post la habilidad recién adquirida en la Junta o en un diario de habilidades sociales.
- **ABA emociones (Kindergarten.com, libre)** - Utilizar esta aplicación de estilo de ABA para enseñar las emociones con tarjetas visual. Pruebe a utilizar esta aplicación durante el tiempo de pequeño grupo para un grupo que trabaja en la identificación de expresiones faciales.
- **Practicando pragmática Fun Deck (Super Duper publicaciones, $5.99)** - Hacer admite visual o palabras escritas para las respuestas en esta aplicación para dar a los oradores no una oportunidad de responder. Proporcionar una lección usando un teléfono real y directrices para su uso. Que utilice la sección de habilidades de teléfono para responder preguntas relacionadas con su lección.

Habilidades de juego

- **Glow Hockey 2 para iPad libre (Natenai Ariyatrakool, libre)** - Los estudiantes se dividen en grupos. Tienen un grupo de trabajo en el área de reproducción mediante un disco de hockey real y un palo de hockey, el segundo grupo en una pequeña mesa de aprendizaje de los términos de vocabulario acerca de hockey y la tercera toma de grupo activa utilizando la l/m de hockey de aire

- **Color mi nombre (Mundo Pty. Ltd la niña, $1.99)** - Esta aplicación es perfecta para una unidad de "Todo sobre mí". Usarlo 1:1 con un estudiante que diseñar un proyecto de arte en torno a su nombre.
- **Ratatap batería libre (modo de expresión, LLC, libre)** - Pretensión ser bateristas en una banda de música con esta aplicación que permite a los estudiantes aprovechar a.
- **Activar Taker (toque autismo, $4.99)** - Un juego mediante actividad altamente motivador de tabla y utilizar la aplicación para enseñar turno teniendo como el juego está en progreso.
- **Elmo Monster Maker (sésamo, $3.99)** - Pruebe esta aplicación durante una unidad sobre las expresiones faciales o partes del cuerpo. Trabajar con los estudiantes para elegir las partes faciales que desean agregar a su "monstruo" en la app. A continuación, utilice un tablero de fieltro con varias caras de "monstruo" que los estudiantes jugar o utilizar papel de construcción, un plato de papel y varias piezas de colores de hilo para que los estudiantes crear su propio monstruo.
- **Arcade preescolar (3DAL, LLC, $0.99)** -Traer la arcada al aula con este l/m uso esto como refuerzo para estudiantes completar tareas.
- **Choo Choo (Chillingo Ltd, $0.99)** -Proporcionar diversión tiempo para el juego de tren!
- **Entretenimiento en casa HD (Conover empresa, $1.99)** - Mostrar la sección vídeo sobre "juegos de mesa" como un salto a la enseñanza jugar competencias en este ámbito. Pruebe otras secciones que dan ejemplos video de diversas actividades recreativas.
- **Mi ropa interior (pulgar Arcade, $0.99)** - Utilizar este juego tonto chaval seguro para explorar el humor del estudiante. Es fácil para pre-readers navegar.
- **Bouncy ratón (Munkadoo Games LLC, $0.99)** -Un divertido simplemente app para que los estudiantes cinta bouncy ratón toda la pantalla mientras intenta recuperar su queso en este l/m "basada en la física juego" Play 1:1 y tomar activa jugando, ya que este juego puede requerir asistencia para adultos para desplazarse por los niveles de.

Participación sensorial

- **Ruedas en el Bus (pato pato alces, $0.99)** -Cantar la canción, pintura de dedo una fotografía de un bus, y luego jugar la l/m
- **Relajante ambiente (Software de martillo rojo, $0.99)** - Utilizar la aplicación durante el tiempo de tiempo/relajación sensorial o utilizarlo en una zona tranquila.
- **Aire arpa (TouchGrove, LLC, $0.99)** - Algo divertido para los estudiantes que les gusta escuchar música calmante.
- **Ocarina (Smule, $0.99)** -Utilizar habilidades motoras orales a través de esta aplicación que tiene el golpe de usuario en el micrófono de iPad para hacer sonidos.

- **Magic Piano para iPhone, (Smule, libre)** - Los estudiantes pueden utilizar esta app puntee en cualquier lugar de la pantalla y hacer música. Una imagen visual acompaña la salida de sonido.
- **Dedo Batería (en el Beat Limited, libre)** - Escuchar música y toque al ritmo de una melodía favorita.
- **Sonido Shaker (Zinc Roe, $1.99)** - Probar la sección patio de esta aplicación para que los estudiantes escuchar el color "puntos" hacen sonidos de animales cuando toque en la pantalla o elija otra de las opciones para escuchar música en lugar de sonidos de animales. Mover el dispositivo para hacer los puntos repartidos por la pantalla.
- **Glitteratti (7twenty7 LLC, libre)** - Utilizando el color de la semana, eligió ese color en la aplicación y dejarla brillar, glitter bien!
- **Fluidez (Nebulus diseño, libre)** - Esta app tiene movimientos rápidos "flujo" como el agua. Pruebe a utilizar esta aplicación antes o después de jugar una lección de ciencia con el agua en que se utilizan los colorantes alimentarios para cambiar el color del agua. La aplicación cambia colores mediante el uso de toque.
- **Libre de tambor Pad 2 (Tekunodo, libre)** - Toque en un patrón auditivo para ver si el estudiante puede imitar. O simplemente pasar un buen rato tocando en las pastillas de tambor.

Dominio de concepto básico

- **Kids Math Fun-Kinder (NSC Partners LLC, libre)** - Utilizar esta aplicación para destacar los ejercicios de matemáticas además enseñados en un momento anterior o utilizar en un área de trabajo independiente.
- **Kids aprender mis primeros números (GrasshopperApps.com, libre)** - Enseñar correspondencia 1:1 con esta aplicación mediante el uso de la pantalla con los osos. Intente utilizar plástico osos recuentos en una bandeja pequeña, junto con la aplicación, para que los estudiantes cuentan con el mismo número de osos que se ven en la pantalla.
- **Mad Math (lonchera Apps, $1.99)** -Crear un programa de tarjetas digitales esta app ya que permite establecer programas específicos para cada usuario y mantener estadísticas y avances de trabajo para cada una de ellas.
- **Monte Lingual Lite - Montessori contando de 1 a 10 (Continua integración Inc., Libre )**- Enseñar números en varios idiomas con este l/m números multilingüe español, inglés, francés y chino está programado en esta l/m
- **Fonética del alfabeto de ABC (GrasshopperApps.com, libre)** - Incorporar esta aplicación en una lección sobre el alfabeto. Han los alumnos tocan una carta en la pantalla cuando pidió entonces que te dan una versión 3D de la misma carta para agregar una experiencia táctil a la lección.

- **Lonchera preescolar mono (THUP juegos, $0.99)** -Permiten a los estudiantes interactuar con diversas actividades como recompensa en este autodirigido, diversión, juego de conceptos básicos.
- **Escuela de peces (pato pato Moose, $1.99)** - La página de formas de esta aplicación para ayuda a los estudiantes reconocer formas. A continuación, tienen hacer sus propias formas sobre papel de construcción utilizando peces diminutos papel dividido. O usar la página de colores de la aplicación para que los estudiantes tocar cualquier pez de color para ver toda la "escuela" de peces cambia a ese color.
- **Me enseñe Kinder (24x7digital LLC, $0.99)** - Guardar información de aprendizaje para hasta 4 estudiantes con este l/m intente utilizarlo para ver si los alumnos puedan seguir instrucciones verbales por cuenta propia (desde el ratón de instructor en la app). Pruebe la sección de la aplicación que realiza actividades de pre-spelling donde el alumno tiene que identificar la primera letra de una palabra.
- **TalkCalc (KeilaniSoftware, libre)** - Uso esta divertida manera para mostrar visualmente las funciones de una calculadora. Permitir que un estudiante utilizar este TalkCalc cuando se aprende a utilizar una calculadora. La aplicación de etiquetas verbalmente las claves y la respuesta para el usuario.
- **Recuento de dinero moneda coincidentes (Por GrasshopperApps.com, libre)** - Coinciden diversas sumas de dinero de la app. Luego pretender tener una "tienda" con precios similares a los importes de la app. Práctica de estudiantes recuento de sumas de dinero para "pagar".

Vocabulario y alfabetización

- **Juego de Adam (Roberts Sol, $1.99)** -Practicar vocabulario receptivo con esta discreta.
- **Aprendizaje juego - poco emparejamientos de frutas ()GrasshopperApps.com, $0.99)** - Si enseñar una lección "interior" y "fuera" usted puede personalizar este juego para elegir las frutas que desea concentrarse. Cada partido tiene el coincide con el interior de la fruta a su homólogo completo, sin cortes.
- **Sightwords por PhotoTouch (GrasshopperApps.com, libre)** -Palabras de vocabulario de uso de la narración del día para personalizar esta aplicación para crearon una app en ortografía juego.
- **Poco carta Speller tres palabras LITE (GrasshopperApps.com, libre)** - Utilice esta aplicación para tener palabras de hechizo de estudiantes de la unidad actual. Los alumnos pueden mirar la imagen y, a continuación, arrastre las cartas de la letra correspondiente a "explicar" la palabra. Esto ayuda a no spellers porque realmente es un juego coincidente. La aplicación permite agregar sus propias palabras de vocabulario.

- **Gato en el sombrero (Oceanhouse Media, $3.99)** - Esta aplicación lee a sí mismo y tiene las mismas páginas como el libro real. Usarlo en lugar del libro. Cada práctica de estudiante "pasar" la página para pasar página.
- **Palabras especiales (iApps especial, $13.99)** - Palabras específicas de unidad/tema de programa mientras elegir tener estudiantes palabras imagen a imagen, palabras o palabras a las imágenes. Pruebe con una unidad en invierno y tengan estudiantes coinciden con imágenes o palabras como nieve, guantes, botas, sombrero y escudo.
- **Bumblebee Touchbook** (de, **3DAL, LLC $.0.99**)- Tienen alumnos interactúan con la aplicación de cualquier manera, como la aplicación ofrece la posibilidad de reproducir una película o leer un libro. El objetivo principal es el abejorro. Incorporar esta aplicación como una actividad independiente para una unidad de insectos o primavera.

- **Animales de preescolar (Grasshopper Apps, libres)** - Una unidad sobre animales de granja puede mejorarse con esta app por permitir a los estudiantes ver fotos de animales están destacando. Las imágenes y los mensajes pueden ser específicas a las necesidades de cada alumno.
- **Niño! (Software de martillo rojo, $0.99)** - Utilice la página de vehículo la aplicación de este con una unidad de transporte. Las imágenes tienen un sonido y podría añadir un componente multisensorial a su lección.
- **Acciones de tarjetas de ABA (Kindergarten.com, libre)** -Enseñar verbos con tarjetas visual en esta ABA estilo l/m probar utilizando esta aplicación durante el tiempo de 1:1 para un niño trabajando en aprendizaje para identificar palabras acción.

Motor fino

- **Niños africanos llanuras libre App (Grasshopper Apps, libres)** - Este app puzzle puede ser divertido durante una unidad de animales de zoológico. Prueba es como una actividad suplementaria.
- **Desarrollo de habilidades de Motor Dexteria - multa (binarios Labs, $4.99)** - Al finalizar una unidad de animales marinos, utilice la sección pellizcos de esta aplicación para trabajar en la capacidad de los estudiantes para desarrollar un pulgar. Los estudiantes necesitarán en pizca en cangrejos para hacerlas desaparecer.
- **iBuild ABC (Chris Kieffer, $0.99)** - Construir de ABC sobre la aplicación y, a continuación, pida a los alumnos utilizar sus cuerpos para hacer letras grandes en la alfombra.
- **Fruit Ninja Lite (Halfbrick estudios, Free)** - "Cortar" el fruto de la aplicación y, a continuación, comer varias frutas como aperitivo.

- **Cortar la cuerda HD Lite (Chillingo Ltdlibre)**-pruebe esta aplicación sólo por diversión. Pida a los alumnos juzgar donde la cuerda debe ser cortado para que obtenga puede alimentar al monstruo.
- **iWriteWords (Gdiplus, $2.99)** -Utilice esta aplicación como una sesión de práctica de 2 minutos antes de una clase de escritura a mano.
- **Cartas de ABC seguimiento (Redbot Software Inc. , $1.99)** - Seguimiento de la Carta de la semana en la app. Luego poner la tableta lejos y traza letras en crema de afeitar.
- **Conectar los puntos es divertido LITE (Alexandre Minard, libre)** - Contando la práctica y, a continuación, utilice una conexión el volante puntos y hilados o cadena grabado para el punto de inicio para tener conexión de estudiantes los puntos (sin tener que escribir). A continuación, utilice la l/m
- **Generador de forma el preescolar aprendizaje rompecabezas (Darren Murtha diseño, $0.99)** - Uso manipuladores de forma que los alumnos identifican formas. Pida a los alumnos coinciden con palabras escritas de los nombres de las formas a las formas. A continuación, dar a los estudiantes la oportunidad de jugar el puzzle generador l/m
- **Skywriting de Dora ABC (Nickelodeon, $1.99)** - Leer una historia estacional sobre Dora el Explorer y, a continuación, utilice la aplicación en uno de los centros para la hora del centro de.

# Routine Lesson Plans

Planes para Lecciones de Rutina son guías para la instrucción de cualquier actividad dada. Son un conjunto de procedimientos que a usted le gustaría ver que ocurran durante esa actividad. Al principio del año escolar, con frecuencia es buena idea establecer claramente un plan de cómo le gustaría que las cosas funcionen en su aula. Crear un Plan para Lección de Rutina para las actividades diarias puede ayudarle a llevar a cabo esta tarea. Para lecciones de instrucción directa (materias básicas), será necesaria planificación adicional de lección. Sin embargo, estos Planes para Lecciones de Rutina son sus expectativas para las actividades que ocurren cada día como la llegada por la mañana, el almuerzo, recesos para el uso del baño, la espera del autobús, caminar por el pasillo, ir a la cafetería, etc. Las próximas páginas son ejemplos de Planes para Lecciones de Rutina. A continuación de los ejemplos hay un ejemplo en blanco para que usted fotocopie si lo desea.

# Ejemplo #1 de Plan para Lección de Rutina

**Actividad:** Almuerzo/Desayuno

**Miembro del Personal Dirigiendo la Actividad:** Karen y Sue

**Materiales Necesarios:** Recipiente o cesta para almuerzo/desayuno, apoyos visuales para la elección de alimentos, manteles, hojas de datos, bolsita de cremallera con utensilios extras, servilletas y toallitas húmedas.

**Procedimiento/Técnica de Enseñanza para Ser Usada en la actividad:**

1. Los estudiantes esperarán en el salón de clases en la zona de transición hasta que el maestro los dirija para que se alineen. Ellos caminarán por el pasillo en una sola fila para ir a la cafetería.

2. Karen llevará a dos estudiantes a la vez para ir a la fila del almuerzo. Tim, quien es independiente para esta tarea, tendrá su propio almuerzo. Sue se sentará con los demás estudiantes.

3. Un análisis de tarea visual estará presente para ayudar a los estudiantes en la fila del almuerzo.

4. Para aumentar la comunicación, se esperará a que los estudiantes pidan cada utensilio y cada alimento antes de suministrárselos.

5. Se les pedirá a los estudiantes que dispongan de su propia basura luego de decir al adulto "acabé todo" o "terminé". Se dará orientación a aquellos que lo necesitan, pero la tarea no será hecha por ellos.

**Objetivos de Comunicación para Ser Abordados**: Solicitar, contestar a preguntas de sí/no, seguir instrucciones de rutina.

**Ideas para la Recopilación de Datos:** se utilizarán hojas de datos sobre un portapapeles.

# Ejemplo #2 de Plan para Lección de Rutina

**Actividad:** Juego Estructurado

**Miembro del Personal Dirigiendo la Actividad:** Profesor y/o Asistente Educativo

**Materiales Necesarios:** Juguetes y actividades relacionadas con el tema actual, tableros de comunicación con imágenes relacionadas con la actividad del día, un tableros de "sí" y "no" para ayudar a los estudiantes a comunicarse con sus compañeros, planes de estudio específicos para cada día.

**Procedimiento/Técnica de Enseñanza para Ser Usada en la actividad:**

1. Encuentre un lugar específico en el salón para que los estudiantes participen en actividades de juego estructurado. Este espacio debe ser un área pequeña de un salón y libre de distracciones visuales o auditivas. Las actividades de juegos estructurados son actividades lúdicas que son coreografiadas por el adulto. El objetivo es "jugar con un propósito". Puesto que algunos niños con necesidades especiales carecen de habilidades de juego apropiados a la edad, corresponde a los adultos involucrados en sus vidas el proporcionar un medio para interactuar socialmente a través de eventos como los juegos. Todos los niños aprenden y experimentan su mundo a través del juego. Proporcionar actividades estructuradas de juego a niños con discapacidades de desarrollo también puede hacer que mejoren el conocimiento de sus propios mundos. Muchas habilidades tales como turno para hablar, mejora del lenguaje receptivo, imitación, y mejora del lenguaje expresivo pueden ser adquiridas mediante sesiones de juego coherente y estructurado. Sin mencionar, que los adultos experimentarán calidad, diversión y comunicación interactiva con sus hijos.

2. Gane comunicación través de la interrupción. Una estrategia típica de la cadena de comportamiento interrumpido "CCI" (en inglés "IBC" interrupted behavior chain), utiliza rutinas que ocurren naturalmente como contextos de instrucción en comunicación relacionada con las solicitudes de asistencia por parte de los niños que están mínimamente motivados para comunicarse (Mirenda y Lacona, 1988). En la CCI, se imparten las clases después de que el niño comienza una actividad. Por ejemplo, el niño podría tener que ponerse sus zapatos antes de ir afuera. Con el fin de utilizar la

típica estrategia IBC, el niño podría conseguir los zapatos, ponerlos, y luego sería interrumpido por el profesor/padre, quien presentaría una tarjeta comunicativa que diría "ayuda" El niño debería tocar la tarjeta comunicativa o diría la palabra para hacer llegar la ayuda para atar sus zapatos con el fin de completar la cadena antes de ir afuera (Mirenda y Lacona, 1998). Esta cadena puede ser modificada para satisfacer las necesidades del estudiante. Durante las actividades de juego estructurado, la interacción del estudiante con el juguete puede ser interrumpida al hacer que el adulto coja el juguete. Cuando esto ocurre, él o ella puede pedir "más" al vocalizar, hacer señas o dar el símbolo pictórico, antes de que la actividad con el juguete inicie de nuevo. Además, el adulto puede interrumpir cualquier tipo de juego, retirando su atención. Utilizando un tiempo de retardo de 5-6 segundos, se puede esperar que el estudiante realice un intercambio comunicativo antes de que el juguete o juego sea presentado nuevamente.

3. Utilice apoyo visual. Los estudiantes con autismo a menudo se benefician de apoyos visuales que los instruyen en los comportamientos esperados. Un tablero completo para tomar turnos con fotos individuales de cada estudiante de la clase y cada miembro del personal, debería estar disponible. Una sección del tablero indicará a quien le corresponde el turno. El adulto ayudará al niño a comprender los rollos de la toma de turnos mediante la administración del tablero de turnos, señalando al tablero de toma de turnos durante el juego y comentando verbalmente a quien se le ha terminado el turno y quien tiene el siguiente turno.

4. Implemente técnicas de enseñanza incidental. El adulto debería acercarse al estudiante una vez que éste haya abordado una actividad u objeto, o haya intentado obtener el objeto a través de un gesto o vocalización. El objetivo del adulto es el de exigir al estudiante que proporcione una respuesta más sofisticada. El siguiente es un ejemplo de la jerarquía del indicador para esta técnica (Miranda & Iacono 1988):

a.) Indicador natural – "¿Qué deseas? " o una mirada cuestionadora.

b.) Dirección verbal no específica para el indicador mínimo. "Tú necesitas decirme lo que deseas, diga "quiero_____".

c.) Solicitud de partícula de imitación para el indicador medio. "Tú necesitas decirme lo que deseas, diga "quiero _____" y espontáneamente haga señas o señale el símbolo de comunicación. El niño debe comunicarse para recibir el artículo.

**Objetivos de Comunicación para Ser Abordados**: Imitar las acciones de los demás, seguir las reglas en un juego de grupo, comunicarse con los compañeros durante el juego, tomar turnos, compartir, seguir/cumplir las instrucciones, proporcionar atención visual para la actividad presentada, usar tarjetas de comunicación.

**Ideas para la Recopilación de Datos:** se utilizarán portapapeles.

# Ejemplo #3 de Plan para Lección de Rutina

**Actividad:** 10 minutos de Rutina Sensorial.

**Miembro del Personal Dirigiendo la Actividad:** Asistente Educativo

**Materiales Necesarios:** Loción para manos, cepillos, espejos, bolas koosh ™, botellas de agua con brillo, varios juguetes sensoriales.

**Procedimiento/Técnica de Enseñanza para Ser Usada en la actividad:**

1. Esta actividad tendrá lugar durante períodos de inactividad mientras se espera que empiece otra actividad, o cuando una actividad de artes creativas sea cancelada. Para la actividad sensorial en esta aula, los estudiantes se sentarán en sus pupitres individuales. Cada uno tendrá la oportunidad de elegir un elemento de la caja de los sentidos. Cuando el tiempo sea casi terminado, el adulto anunciará que es hora de limpiar. Cada niño retornará su artículo en la caja. Un niño se ocupará de la caja, colocándola nuevamente en su área asignada.

2. Haga que los estudiantes se comuniquen señalando, gesticulando, utilizando palabras o imágenes.

3. Siga las sugerencias del terapeuta ocupacional para cada niño en particular.

4. Técnicas de presión profunda para los estudiantes que requieren de este tipo de estimulación sensorial.

5. Chaleco ponderado para los estudiantes que requieren estímulo sensorial.

**Objetivos de Comunicación para Ser Abordados:** Disminuya el comportamiento objetivo con estimulación sensorial especificada antes de una actividad estresante, proporcione oportunidades para la estimulación sensorial durante toda la jornada escolar, tomen turnos, compartan, sigan/cumplan con instrucciones, usen la comunicación para solicitar artículos.

**Ideas para la Recopilación de Datos:** No formal. Tome nota de los gustos y disgustos de los estudiantes.

Ideas de Lecciones y Actividades para Niños de Temprana Edad con Autismo del sitio web AutismClassroom.com

# Ejemplo #4 de Plan para Lección de Rutina

**Actividad:** Rutina para el momento de círculo

**Miembro del Personal Dirigiendo la Actividad:** Cada miembro del personal se rotará en días.

**Materiales Necesarios:** Un mini-horario que tenga imágenes desmontables de la "agenda de eventos" para el momento de círculo, música que corresponda a cada sección del momento de círculo, un CD o un reproductor de MP3, apoyos visuales ó imágenes relacionadas con cada canción.

**Procedimiento/Técnica de Enseñanza para Ser Usada en la actividad:**

1. Para el momento de círculo, cada mañana, los alumnos se sentarán en un semicírculo y revisarán (con los adultos) los eventos que ocurrirán en aquel día escolar.

2. Un mini-horario será usado, el cual contendrá imágenes de la "agenda de eventos" que ocurrirán en la reunión de la clase (Ej.: saludos, revisión de la programación diaria, revisión de la fecha, días de la semana, números, colores, etc.).

3. Los estudiantes serán alentados a comunicarse a través de la actividad. Se esperará que ellos participen tocando iconos de imágenes y usando palabras.

**Objetivos de Comunicación para Ser Abordados:** Saludar a otros, permanecer con el grupo, responder a preguntas de sí/no, localizar a compañeros cuando se solicite.

**Ideas para la Recopilación de Datos:** Tabla portapapeles con los objetivos de cada estudiante. Los miembros del personal se rotarán cada día en la toma de datos.

# Ejemplo #5 de Plan para Lección de Rutina

**Actividad:** Centros y estaciones de trabajo para el Plan de Educación Individualizada "PEI" (Ejemplo para un aula de 6 estudiantes, 3 adultos)

**Miembro del Personal Dirigiendo la Actividad:** Cada miembro del personal conducirá esta actividad. Sue dirigirá el Centro de Motricidad Fina, Karen dirigirá el Centro de Lectura, Tom dirigirá el Centro Juego Estructurado.

| Tiempo | TRABAJO DEL PEI PARA MOTRICIDAD FINA<br><br>(Sue dirigirá esta actividad) | TRABAJO DEL PEI PARA LECTURA<br><br>(Karen dirigirá esta actividad) | JUEGO ESTRUCTURADO<br><br>(Tom dirigirá esta actividad) |
|---|---|---|---|
| 9:00-9:30 | 1st<br>Sara & John | 1st<br>Sam & Colin | 1st<br>Trina & Eduardo |
| 9:30-10:00 | 2nd<br>Trina & Eduardo | 2nd<br>Sara & John | 2nd<br>Sam & Colin |
| 10:00-10:30 | 3rd<br>Sam & Colin | 3rd<br>Trina & Eduardo | 3rd<br>Sara & John |

**Materiales Necesarios:** Horario del personal para tal actividad que cada miembro del personal estará dirigiendo, recipiente de trabajo PEI individual para cada estudiante, hojas de datos para cada estudiante, materiales de trabajo

Ideas de Lecciones y Actividades para Niños de Temprana Edad con Autismo del sitio web AutismClassroom.com

individualizado para cada estudiante, bolsitas de cremallera para mantener los materiales, y refuerzos individuales para cada estudiante, lápiz o bolígrafo.

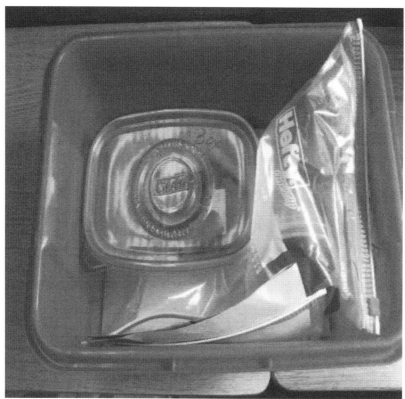

(Muestra individual del recipiente de trabajo PEI)

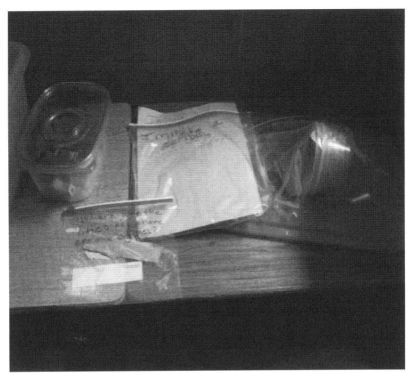

(Muestra de caja refuerzo y materiales de trabajo individualizados en bolsitas)

**Procedimiento/Técnica de Enseñanza para Ser Usada en la actividad:**

1. En el centro y estaciones de trabajo PEI, los estudiantes son divididos en grupos pequeños. Dos estudiantes se sientan en dos escritorios al frente del salón, dos estudiantes trabajan en la mesa del rectángulo por la puerta, y dos estudiantes trabajan en el área de trabajo seccionada en la esquina. Los estudiantes comienzan en el mismo lugar de trabajo cada día para promover independencia y rutina. Los estudiantes permanecen en su área de trabajo durante un período de 20 minutos, luego rotan a la siguiente área, hasta que hayan completado las tres áreas. En cada área, cada estudiante tiene su propio recipiente individual de trabajo PEI que incluye las hojas de datos, materiales de trabajo y refuerzos individuales para ellos. Un funcionario está a cargo de cada estación para asegurar de que los materiales están actualizados, ordenados y preparados.

2. Etiquete la estación de trabajo con un número o color o actividad (Ej.: Matemáticas, Motricidad Fina, lectura, etc.).

3. Haga que los estudiantes jueguen con los reforzadores por 1 minuto antes de comenzar su tarea. Esto los motivará a ir al área de trabajo.

4. Proporcione reforzadores significativos. Si un estudiante ya no disfruta o quiere un reforzador, hay que encontrar uno nuevo que funcione para el estudiante.

5. Métodos de Enseñanza Experimental se utilizarán para quienes los necesiten. Los estudiantes que requieren de esto les será solicitado que realice una habilidad, entonces se dará refuerzo inmediato por haber realizado la habilidad. Si el estudiante es incorrecto, se les dará un indicador de gesto, luego un indicador físico para completar la habilidad.

**Objetivos de Comunicación para Ser Abordados:** Solicitud de ítems, habilidades de lectura, habilidades de escritura.

**Ideas para la Recopilación de Datos:** Hojas de datos individuales para cada objetivo.

# Ejemplo #6 de Plan para Lección de Rutina

**Actividad:** Actividad matutina.

**Miembro del Personal Dirigiendo la Actividad:** Asistente Educativo

**Materiales Necesarios:** Un recipiente con materiales para las actividades diarias.

**Procedimiento/Técnica de Enseñanza para Ser Usada en la actividad:**

1. Un miembro del equipo estará a cargo de esta actividad. Este miembro reunirá los materiales de los recipientes cada semana. Los materiales serán cambiados cada jueves por la tarde.

2. Cada estudiante tendrá su propio recipiente con materiales relacionados con sus necesidades y preferencias.

3. Los recipientes contendrán tareas que sean auto-dirigidas y fáciles de limpiar.

4. Los estudiantes interactuarán con los elementos del recipiente por la mañana luego de que se quiten su abrigo y cuelguen sus mochilas. Ellos utilizarán estos elementos mientras esperan a que lleguen los otros estudiantes y mientras que el profesor lee las notas de casa y toma la asistencia.

**Objetivos de Comunicación para Ser Abordados:** Permanecer con el grupo cuando se requiera, seguir instrucciones para completar una tarea, escritura a mano, habilidades de lenguaje receptivo.

**Ideas para la Recopilación de Datos:** No se tomarán datos en este momento.

# Plan para la Lección de Rutina

**(Si lo desea, por favor fotocopie)**

**Actividad:**

**Miembro del Personal Dirigiendo la Actividad:**

**Materiales Necesitados:**

**Procedimiento/ Técnica de Enseñanza para Ser Usada en la actividad:**

**Objetivos de Comunicación para Ser Abordados:**

**Ideas para la Recopilación de Datos:**

# Notas:

# Fuentes

Linton, S. B. (2009). *Cómo Preparar un Área de Trabajo en la Casa para un Niño con Autismo: Un Manual de AutismClassroom.com para Padres, Miembros de la Familia y Proveedores de Apoyo en el Hogar.*

Mirenda, P., & Iacono, T. (1988). *Strategies for Promoting Augmentative and Alternative Communication in Natural Contexts* . Enfoque sobre Comportamiento Autístico, *3(4), 1-16.*

www.autismclassroom.com  (Página de Materiales Gratuitos para la Enseñanza).

## Acerca del Autor:

S. B. Linton ha trabajado con niños con autismo por más de diez años. Linton es también autor de los libros *Cómo Preparar un Aula para Estudiantes con Autismo* y *Cómo Preparar un Área de Trabajo en Casa para un Niño con Autismo,* y autor del libro electrónico *Evaluación de la Conducta Funcional y Planes para la Intervención de la Conducta.* Actualmente trabaja como Asesora Especialista en Autismo y consulta con equipos escolares en asuntos relacionados con la enseñanza a estudiantes con autismo.

Made in the USA
Charleston, SC
21 April 2015